Glaubensheiterkeit

Karl Barth

Erfahrungen und Begegnungen

*Erzählt
von Eberhard Busch*

W0233679

Neukirchener Verlag

© 1986 – 2. Auflage
Neukirchener Verlag des Erziehungsvereins GmbH,
Neukirchen-Vluyn
Alle Rechte vorbehalten
Umschlaggestaltung: Kurt Wolff, Düsseldorf-Kaiserswerth
Umschlagfoto: Maria Netter, Basel
Gesamtherstellung: Clausen & Bosse, Leck
Printed in Germany
ISBN 3-7887-1206-6

CIP-Kurztitelaufnahme der Deutschen Bibliothek

Busch, Eberhard:
Glaubensheiterkeit: Karl Barth, Erfahrungen
u. Begegnungen / erzählt von Eberhard Busch. –
2. Aufl. – Neukirchen-Vluyn: Neukirchener Verlag,
1986
ISBN 3-7887-1206-6

Inhalt

6

Vorbemerkung

»Glaubensheiterkeit« ist eine Wortbildung von Philipp
Spitta und steht in dem von ihm gereimten Vers:

> »In dem rasenden Getümmel
> schenk uns Glaubensheiterkeit ...«

Der Zusammenhang, in dem das Wort bei ihm auftaucht,
macht ein Doppeltes deutlich.

Einmal: Echte »Glaubensheiterkeit« ist nicht zu ver-
wechseln mit einer leichtfertigen, gedankenlosen Lebens-
haltung, die blind wäre für das »rasende Getümmel«, blind
für die Last und das Abgründige des Lebens. Der Glaube
sieht nicht darüber hinweg, aber er glaubt sich gerade darin geliebt, getragen, geführt. Er übersieht nicht das Finstere, aber er übersieht vor allem Gott nicht. Und er weiß
damit um ein Licht, das über dem Dunkel leuchtet und
das »mit seinem hellen Scheine vertreibt die Finsternis«.
Darum kann er auch im »rasenden Getümmel« heiter sein.
Darum kann er gar nicht glauben außer in Glaubensheiterkeit.

Zum anderen: Solche Glaubensheiterkeit versteht sich
nicht von selbst. Sie ist nicht die natürliche Habe der Le-
benslustigen, die dann notwendig den Schwerlebigen feh-
len müßte. Sie ist auch nicht logische Schlußfolgerung aus
der allzu vernünftigen oder auch allzu verzweifelten Überlegung, es sei vielleicht auch alles nur als halb so schlimm
anzusehen. Sie ist vielmehr erbetene und sie ist geschenkte
Glaubensheiterkeit. Auch der Lebenslustige muß darum

bitten. Aber auch der Schwerlebige betet nicht umsonst darum. Sie ist, in der Vorläufigkeit unseres jetzigen, bedrängten Lebens, Gottes schönste Gabe. Sie ist, inmitten all des »rasenden Getümmels«, die Morgenröte und der Frühtau des Ewigen.

Mit dem allen rede ich schon von dem, was ein charakteristisches Element im Leben, Denken und Handeln des Theologen Karl Barth (1886–1968) war. Als eine Zeitschrift einmal eine Reportage über ihn bringen wollte, schlug er selbst als Titel »Gottes fröhlicher Partisan« vor. Ein *Partisan* war er schon, ein Kämpfer, getrieben von jenem ernsten »Eifer um die Ehre Gottes«, von dem er noch in einer seiner letzten Arbeiten leidenschaftlich schrieb. Das kann nicht unterschlagen werden. Aber ein *fröhlicher* Partisan Gottes!

Denn er war überzeugt, »daß die Theologie unter allen Wissenschaften auch die schönste ist. Welche Urbarbarei wäre dazu nötig, daß einem die Theologie unlustig sein könnte! Man kann nur gerne, mit Freuden Theologe sein, oder man ist es im Grunde gar nicht. Grämliche Gesichter, verdrießliche Gedanken und langweilige Redensarten können gerade in dieser Wissenschaft unmöglich geduldet werden. Aber wir müssen wohl wissen, daß Gott allein uns davor bewahren kann.«

Gott aber kann davor bewahren, weil er uns sein Herz aufgetan hat in Jesus Christus. Davon war Karl Barth nun vor allem bewegt und davon, daß Gott dabei gezeigt hat, daß sein Herz voll brennender Liebe ist. Im Blick darauf wurde es ihm klar, daß man nicht anders Christ sein, ja nicht anders Mensch sein kann als in »Glaubensheiterkeit.«

Nun geht es in diesem Büchlein nicht darum, unmittelbar in Karl Barths dogmatisch-theologische Thesen und Lehren einzuführen. Sicher, Barth war in erster Linie der theologische Lehrer: als Professor von 1921 bis 1935 in Deutschland und seither in seiner Heimatstadt Basel. Es kann und soll nicht vermieden werden, daß das im folgenden fort und fort deutlich wird. Doch geht es hier vielmehr darum, in einer bunten Reihe von einzelnen Szenen zu erzählen, wie sich das von ihm Gedachte und Gelehrte im praktischen Leben in bestimmten, konkreten Situationen bewährt hat. Es soll in einigen kleinen Berichten gezeigt werden, wie er in solchen Augenblicken reagiert, geantwortet, gehandelt hat.

Es wird sich dabei wohl herausstellen, daß er, der Professor, doch immer auch, unvergessen, der Pfarrer und Seelsorger blieb, der er im ersten Jahrzehnt seines geistigen Wirkens tatsächlich war, im schweizerischen Safenwil. In gewissem Sinn verstand er sich aber lieber noch als einen »Laien« – in des Wortes wahrster Bedeutung: als Glied des Volkes (Gottes). Seines Erachtens kann man gerade im Volk Gottes eigentlich sogar nie mehr sein als ein Laie. Es ist Absicht des Büchleins, in dem Professor und Theologen auch den Pfarrer und Seelsorger, ja den Laien und Mitmenschen Karl Barth hervortreten zu lassen. Was er wollte und war, möge so in den einzelnen Momentaufnahmen aus seinem Lebensweg hoffentlich gerade weiteren »Laien« verständlich und erhellend werden.

Die hier dargestellten »Erfahrungen und Begegnungen« sind aus verschiedenen Quellen zusammengetragen worden. Teils sind sie in Büchern Barths oder seiner Zeitgenossen gefunden und nacherzählt worden. Teils stammen sie aus mündlichen Erinnerungen von solchen, die mir davon berichtet haben, teils auch aus meinen eigenen Erinnerungen; denn ich lebte in Barths letzten Lebensjahren als ein Mitarbeiter in seiner Nähe und konnte so dies und das von ihm hören.

Was die verschiedenen kleinen Episoden untereinander verbindet, ist eben jene Glaubensheiterkeit, die ihm geschenkt war und die ihn trug. Es ist die Glaubensheiterkeit, die einen großen Ernst im Geltendmachen von Gottes Wort und Willen nicht ausschloß, die aber auch dann noch einen letzten Humor kannte – in der Gewißheit, daß uns nichts mangeln wird, wo nur der Herr unser Hirte ist.

Der Wunsch begleitet das Büchlein, daß dieselbe Glaubensheiterkeit auch den Leser anstecke.

Uerkheim (Schweiz), im Juli 1985   Eberhard Busch

Zur Sache

Was ist wichtig?

Es war während der reformierten Synode des Kantons
Aargau im November 1915. Auf ihr erregte ein Delegier-
ter, ein junger, schnauzbärtiger Mann mit goldumrande-
tem Zwicker, erheblich Unruhe. Denn er stellte einen
förmlichen Antrag auf Abschaffung der Gottesdienste,
mit denen die Synoden jeweils eröffnet wurden.

Begründung: Der Gottesdienst habe keinerlei sachliche
Bedeutung für Inhalt und Art der folgenden Verhandlun-
gen. Wörtlich sagte er: »Konstatiert muß es einmal sein,
daß alles, vor allem alles Staatliche, hier hundertmal wichtiger genommen wird als Gott.«

Der Sinn dieses wunderlichen und für manche ärger-
lichen Antrags lag auf der Hand. Der Antragsteller wollte
natürlich nicht den Gottesdienst abschaffen; er wollte
seine Kirche aufrufen, es müsse in ihr vielmehr *Gott* »hundertmal wichtiger« genommen werden als alles andere.

Der Antragsteller war ein Pfarrer, der vier Jahre zuvor
sein Amt angetreten hatte mit der Erklärung an seine Gemeinde: »...daß ich nicht von Gott rede, weil ich Pfarrer
bin; sondern daß ich Pfarrer bin, weil ich von Gott reden
muß.« Der Antragsteller hieß Karl Barth.

Sein Antrag wurde übrigens auf jener Synode *nicht*
angenommen.

Karl Barth etwa im Jahr 1916,
zur Zeit, als er seinen Kommentar zum »Römerbrief« schrieb.

Der Weisheit Anfang

Die Botschaft, mit der Karl Barth 1919 in seinem ersten Buch hervortrat, läßt sich gut und gern in die biblischen Worte zusammenfassen: »Die Furcht des Herrn ist der Weisheit Anfang«. Und es zeigte sich: Eine biblische Wahrheit, im rechten Augenblick enthüllt, kann geradezu Furore machen.

Was gerade diese biblische Wahrheit damals so aufwühlend machte, war, daß sie sich mit der scharfen Frage verband: Es könnte sein, daß in der Christenheit gerade nicht die Furcht des Herrn am Anfang ihrer Weisheit stehe. Ja, das war Barths Befund: Gott werde von ihr mißbraucht, indem er ihr immer nur »gut genug sein« solle »zur Durchführung und Krönung dessen, was die Menschen von sich aus begannen«.

Es war ein denkwürdiger Augenblick, in dem ihm das wohl zum erstenmal in seiner Tiefe klarzuwerden begann. Es war im April 1915, während der Erste Weltkrieg in seinem Grauen tobte: Barth selbst war damals noch nicht 29jährig. Da fuhr er, wie das immerhin noch möglich war, aus der Schweiz nach Marburg, um an einer Hochzeitsfeier teilzunehmen.

An der Tafel traf er einen illustren Gast, den berühmten Politiker Friedrich Naumann, der auch einmal Theologe gewesen war. Es fügte sich, daß sie sich während des Festes in kleinem Kreis für eine Weile zu einer Diskussion in ein Gasthauszimmer zurückziehen konnten.

Als dabei das Problem des gegenwärtigen Krieges erörtert wurde, erklärte Naumann: »Alle Religion ist uns jetzt recht, heiße sie Heilsarmee oder Islam, wenn sie nur dazu taugt, uns den Krieg durchhalten zu helfen.«

Kaum war der Satz gesprochen, fuhr Barth auf und rief ein zornbebendes Nein dazwischen. Nein, die »Religion«, das Christentum, den Namen Gottes zur Erreichung unserer ohne ihn festgelegten Ziele benutzen, wobei es ganz gleich ist, ob man gerade ihn »braucht« oder auch etwas ganz anderes – das ist der ärgste Miß-brauch Gottes!

Kann denn das je ein gutes Ende nehmen, wenn unsere Weisheit nicht ihren *Anfang* nimmt in der Furcht des Herrn? Jedenfalls schrieb Barth dann 1919 in jenem Buch: »Einmal mußte es ja doch im Zusammenbruch unserer Sachen an den Tag kommen, daß Gottes Sache ausschließlich seine eigene Sache ist.«

Erstens, zweitens, drittens

Man kann sich heute kaum noch einen genauen Begriff davon machen, welches verwirrte Durcheinander in der evangelischen Kirche in Deutschland herrschte, nachdem Hitler 1933 die Macht übernommen hatte. Die einen, und das war der größere Teil, riefen eine neue Gottesstunde aus. Die anderen zögerten. Die Dritten vermittelten. Viele schliefen. Und viele hielten eine äußere und gar innere Anpassung der Kirche an die neuen Verhältnisse für das richtige. Anderen ging das doch ein bißchen zu weit. Und wieder andere suchten wenigstens die Kirche vor Eingriffen in ihre Ordnung in Schutz zu nehmen. Kurz, es war so, wie es Karl Barth damals beschrieb: Die Christenheit war »aufgewühlt wie ein Ameisenhaufen«.

Im Oktober 1933 traf er sich in Berlin mit einem Kreis von Theologen und Kirchenleuten zu einem Gespräch über die Frage, was denn nun zu tun sei. Es gab ein lebhaftes Hin und Her, und es gab die verschiedensten Auffassungen darüber, was das jetzt Gebotene sei, wie und inwieweit und in welchem Maße auf gewisse Zumutungen an die Kirche zu reagieren sei und wie gegenüber gewissen unangenehmen Leuten, die sich an die Spitze der Kirche geschwungen hatten, am geschicktesten zu taktieren sei.

Dann meldete sich Karl Barth zu Wort. Er halte selbstverständlich nichts von jenem ausgebrochenen Anpasser-

tum. Aber er halte ebensowenig etwas von einem kirchen-
politischen Taktieren und Reagieren darauf und von entsprechenden Aktionsprogrammen. Jetzt gebe es nur eines,
was die Lage kläre und was die Kirche unüberwindlich ma-
che: »Wir müssen Menschen sein, die *glauben*, erstens,
zweitens und drittens glauben und nichts anderes.«

Ein anderer Geist

Es war im Januar 1934 im Berliner Hospiz St. Michael.
Dort traf sich eine ansehnliche Versammlung von Kirchenführern und Theologen zur Beratung, wie man Adolf Hitler bei einem bevorstehenden Empfang entgegentreten
wolle.

Eben einigte man sich auf einen dort vorzulegenden
Text, der das Bekenntnis zu Gott mit einem christlichen Ja
zum Führer und seinem neuen Staat verband.

Da sprang ein verspätet eingetroffener Gast auf – es war
Karl Barth – und lehnte in leidenschaftlichem Zorn das Papier ab. Das sei nun eine flagrante Verletzung des ersten
Gebots. Da werde, ihm zuwider, neben Gott ein anderer
»Gott« gerückt. Und dann schleuderte er der Versammlung das messerscharfe Wort entgegen: »Wir haben einen
anderen Glauben. Wir haben einen anderen Geist. Wir haben einen anderen Gott.«

Das war ein Eklat! Man denke: Da stand einer gegen
eine ganze Schar von ehrwürdigen Kirchenführern. Es
entstand ein Tumult. Man verwahrte sich aufs bestimmteste gegen einen solchen Ton. Man flehte den Gast an, man
drang auf ihn ein, man bedauerte unter Tränen sein »lieb-
loses« Wort. Man forderte ihn auf, es zurückzunehmen.

Endlich ergriff der Bedrängte wieder das Wort und antwortete in ruhiger Unbeirrtheit dem Sinne nach: Was er
jetzt gesagt habe, das werde »so lange in aller Bestimmtheit
und in aller Öffentlichkeit gesagt werden müssen, als die

Deutschen Christen auch in ihren besten Vertretern fortfahren, das Wort Gottes durch die Stimme eines Fremden
zu übertönen. Es geht nicht um Personen: es geht um die
Sache.« Oder vielmehr: »Gerade um der Personen willen:
um sie aufzurufen, sich von dieser falschen und faulen Sache zu trennen, müssen wir dieser Sache gegenüber ganz
hart und ganz kalt sein. Alles andere wäre nicht Liebe ...
Ohne Klarheit gibt es keine Entscheidung, und ohne Entscheidung kann es keinen Frieden geben. Wir sind jetzt
wenigstens auf dem Wege zur Klarheit.«

Das erste Gebot

Unmittelbar nach dem Zweiten Weltkrieg reiste Karl
Barth durch das zerstörte Deutschland, um nach seinen
Möglichkeiten beim geistigen Wiederaufbau mitzuhelfen.

Damals war er bei vielen ein gern gesehener Gast, und
mancher suchte die Autorität des bekannten Rufers wider
die Hitlerherrschaft für sich in Anspruch zu nehmen.

Vielleicht war das auch der Grund, weshalb er im Sommer 1946 in Ostberlin von den Spitzen der SED empfangen wurde. An einem langen Tisch saßen da vor ihm
Wilhelm Pieck, Otto Grotewohl, Walter Ulbricht und
weitere ostdeutsche Politiker. Wie um sich dem Theologen
zu empfehlen, sagte Pieck: »Herr Professor, was wir in
Deutschland nötig haben, das sind die Zehn Gebote.«

Darauf antwortete der Gast, ohne zu zögern: »Ja, Herr
Präsident – insbesondere auch das *erste* Gebot!« (Ich bin
der Herr, dein Gott, du sollst nicht andere Götter haben
neben mir.)

War der »Herr Präsident« dadurch bestätigt worden in
dem, was er eigentlich hören wollte?

Jedenfalls war damit der Vorbehalt geltend gemacht, der
für den Christen in seinem Verhältnis zu jedem Staat gilt:
Die Anerkennung Gottes hat an der ersten Stelle zu ste-

hen. Es gibt keine konkurrierende Verbindlichkeit neben
diesem Anspruch.

Kindermund

Karl Barth wies auf eine vielübersehene Bibelstelle hin
(Matthäus 21,14–17). Danach sind in Jesu letzten Tagen,
nach seinem Einzug in Jerusalem, Kinder schreiend durch
den Tempel gezogen und haben die Ankündigung des Heilands ausgerufen: »Hosianna dem Sohn Davids.« Dieses
Geschrei wurde dann Jesus zum Vorwurf gemacht. Der
aber antwortete: »Aus dem Mund der Unmündigen hast
du dir Lob bereitet.«

Barth schloß daraus im Blick auf die Kinder: »Es wäre
geradezu verwunderlich, wenn Jesus Christus für sie vor-
läufig praktisch nichts bedeutete.« Das meint, man dürfe
ernstlich auch mit Worten aus dem Mund der Unmündigen rechnen, die in aller Kindlichkeit doch ein Stück echt
christlicher Wahrheit leuchtend machen – womöglich
noch leuchtender, als es weithin aus dem Mund der soge-
nannten Erwachsenen zu hören ist.

Er rechnete damit.

Für ihn war solch ein besonders leuchtendes Wort das
seines damals noch kleinen Neffen. Dessen Familie suchte
einmal einen dringend gebrauchten Gegenstand und
wurde unter der Erfolglosigkeit des Suchens allmählich
nervös. Da suchte das Kind die aufgebrachten Familien-
glieder zu trösten mit den Worten, man könne ganz beru-
higt sein, »die verlorne Sache sind au noime.« (Die verlorenen Sachen sind irgendwo auch da.)

Barth fragte, ob der Ausspruch nicht voll göttlicher
Weisheit sei. Es gebe wohl ein »Verlorengehen«, aber nur
vor unseren Augen. Doch das Verlorene ist auch dann
nicht ganz verloren. Gott ist es nicht verloren …

Ein anderes Kinderwort zitierte Barth sogar in einer

Karl Barth als Pfarrer von Safenwil im Jahr 1915
mit seiner Frau und den Kindern Markus und Franziska.

Predigt. Sein Sohn Christoph habe als kleiner Junge ihn einmal, ihm unvergeßlich, gefragt: »Weißt du, wer der Herr Hauptsache ist?« »Nein, wer ist das?« »Der liebe Gott!«

Der Vater fand das trefflich gesagt. Man könne es nicht treffender sagen: Jawohl, das ist er, »der Herr Hauptsache«. Und er setzte dem in der Predigt hinzu: »Daß er der Herr Hauptsache ist, das zeigt uns Gott damit, daß *wir ihm* die Hauptsache sind.«

Die Mitte

Heute ist Ostern

In seinem letzten Lebensabschnitt predigte Karl Barth ausschließlich in der Baseler Strafanstalt. Mit augenzwinkerndem Bedauern konnte man damals in Basel sagen hören: Jetzt gebe es nur noch die eine Möglichkeit, ihn predigen zu hören, daß man selber erheblich straffällig werde. Einer scherzte gar: »Karl Barth endet im Zuchthaus«.

Er predigte gerade dort in der Überzeugung, die er einmal in einer Weihnachtspredigt so aussprach: Er sei sich nicht so sicher, ob die frohe Botschaft von der Ankunft des Heilands in das altehrwürdige Basler Münster gehöre, wo sich »die besseren Leute« versammelten. Er sei sich aber ganz sicher, daß das Evangelium hierher und also ins Zuchthaus gehöre.

Nun hatte er sich zu Beginn seines Predigtdienstes dort ausbedungen, er wolle in der Strafanstalt nur predigen, wenn er auch die Gefangenen einzeln besuchen und kennenlernen dürfe. So kannte er bald jeden Häftling mit seinem Namen und mit seinem besonderen Schicksal.

Darum fiel es ihm auch gleich auf, daß einer fehlte, als er einmal eben im Begriff war, mit einem Ostergottesdienst zu beginnen. Es handelte sich um einen zu langer Haftstrafe Verurteilten, der zuweilen von Schwermut heimgesucht wurde. Barth stieg wieder von der schon bestiegenen Kanzel hinunter und erkundigte sich nach dem Verbleib dieses Mannes. Er erfuhr, daß der Häftling verbittert in seiner Zelle geblieben sei, mit der Erklärung, er begehre heute nach keinem Gottesdienst.

Da ließ Barth die Versammlung warten und sagte: »Jetzt

muß ich erst diesen Mann besuchen.« Er trat in dessen
Zelle und legte den Arm um seine Schultern – mit den
Worten: »Du, Paule, hit isch d'Oschtere, do muesch nit
truurig sy, chumm mit!« (Heute ist Ostern, da mußt du
nicht traurig sein, komm mit!)

Und Paule kam mit.

Ganz einfach

Solch eine Vorlesung hat Karl Barth in seiner ganzen Pro-
fessorentätigkeit vorher und nachher nicht noch einmal
gehalten wie die im Sommer 1946, ein Jahr nach dem Ende
des Zweiten Weltkriegs!

In Ermangelung einer anderen Fahrgelegenheit war er
auf einem Frachtkahn von Basel her den Rhein hinunter
nach Bonn gefahren. Eben dort hielt er nun seine Vorlesung in den Halbruinen der zerstörten Universität, jeweils
morgens um 7 Uhr, bevor eine Stunde später die Maschi-
nen zum Wiederaufbau zu lärmen begannen. Seine Zuhörer waren teils Theologen, zum größeren Teil Studenten
der übrigen Fakultäten. Allen sah man an, daß sie die letzten Jahre mit anderem als geistigen Studien zugebracht
hatten. Abgezehrt, todernst, ärmlich, einige noch in der
Kleidung aus der Soldatenzeit, so standen oder saßen sie
vor ihm.

Zunächst las Barth jeweils die Losung des Tages und ließ
ein Kirchenlied singen, um dann mit seiner Vorlesung zu
beginnen. Er legte dabei das alte »apostolische Glaubens-
bekenntnis« aus; entgegen seiner sonstigen Übung tat er es
diesmal in freiem Vortrag.

Es war der Höhepunkt der Vorlesung und eine Zusammenfassung der Botschaft, die er der an einem Nullpunkt
angekommenen Generation zu sagen hatte, als er in der
Mitte der Vorlesungsreihe von der Person Jesu Christi
sprach.

Er begann mit dem Hinweis: »Hier stehen wir im Zentrum. Und so schwer das, was wir nun zu erkennen versuchen wollen, uns erscheinen möchte, so werden wir doch auch sagen müssen: Es wird gerade hier alles ganz einfach.«

Und er fuhr fort: Eben hier, wo er als Theologieprofessor seinen Zuhörern zurufen müsse, jetzt gelte es ernst! – gerade hier sitze er doch vor ihnen »wie ein Lehrer in der Sonntagsschule vor seinen kleinen Kindern, der etwas zu sagen hat, was wirklich das vierjährige Kind schon verstehen kann: ›Welt ging verloren, Christ ward geboren, freue dich, o Christenheit!‹«

Gültig!

Im Januar 1952 verlieh der englische König Karl Barth die »Medaille für den Dienst in der Sache der Freiheit«. Der damit Geehrte wurde gerade damals von vielen Seiten heftig angegriffen wegen seines Rufs nach Versöhnung im Kalten Krieg zwischen den Machtblöcken von Ost und West.

Als er nun in dieser Anfechtung von der Auszeichnung hörte, reagierte er mit einem Aufatmen: »Aha! Psalm 23, Vers 5!« Dort steht das Wort, das ihm teuer war als Erinnerung an den göttlichen Trost für Angefochtene: »Du bereitest vor mir einen Tisch im Angesicht meiner Feinde.«

Doch soll man den Tag nicht vor dem Abend loben. Die Baseler Regierung machte einen uralten Paragraphen ausfindig und verbot dem so ausgezeichneten Sohn ihrer Stadt die Annahme des Ordens. Daraufhin erklärte der englische König jedoch, ganz Majestät: Was ich gegeben habe, habe ich gegeben!

Der so geehrte, aber am Empfang der Ehrung gehinderte Theologe leistete sich das Vernügen, diesen Vorfall alsbald in den Text seiner Dogmatik hineinzunehmen. Hier bekam der Vorfall die Gestalt eines Gleichnisses des Himmelreichs.

Und in dieser Gestalt wurde die Geschichte nun zum Bild für die strahlende Wahrheit, daß die versöhnende Barmherzigkeit Gottes in Jesus Christus in jedem Fall gültig ist. Der Normalfall wäre wohl, daß ein Mensch das ihm Zugedachte annimmt. Aber es ist doch schon im voraus in Kraft, bevor er es annimmt. Und es zeichnet einen jeden aus, auch wenn er noch durch finstere Mächte verhindert wird, es anzunehmen.

Es sei noch angemerkt, daß es wenigstens im Fall jener Medaille endlich doch noch zur Annahme kam. Bald nach Antritt seines Ruhestands holte Barth den Orden beim britischen Konsulat ab.

Eine Differenz

Ein naher Freund Karl Barths war der bedeutende Theologe Hans Joachim Iwand. Von ihm sagte er: »Ich liebte ihn, seit ich ihn zum erstenmal sah. Das Feuer, das in ihm brannte, hatte nicht seinesgleichen.«

Und doch hatte Barth mit ihm einmal eine Differenz. Obwohl beide sich auch in dieser Sache sicher gleich wieder verständigen konnten, verdient sie in Erinnerung gehalten zu werden.

Im März 1956 reist Barth zu einer Tagung nach Wuppertal, wo neben anderen eben auch Iwand einen wuchtigen Vortrag hielt. Darin hob er hervor, daß die Lehre von Christus, die Christologie, den unbedingten Vorrang vor allem in der Theologie haben müsse: Sie sei das Zentrum, und sie sei der Maßstab in allem christlichen Denken.

Nach dem Vortrag wurde Barth gebeten, sich zu dem Vortrag zu äußern. Niemand dachte anderes, als daß er mit hohem Lob den Ausführungen zustimmen werde. Warum denn auch nicht? War da nicht gerade das ausgesprochen, was auch sein entscheidendes Anliegen war?

Aber das Lob kam nicht. Statt dessen bemerkte Barth, er könnte dem so nicht zustimmen. Für ihn sei Zentrum und Maßstab doch nicht die Christologie. Es geht nicht darum – »es geht um Ihn selber«, nicht um eine Lehre von ihm, sondern um ihn in seiner lebendigen Person.

Natürlich, fuhr Barth fort, habe auch er sich »ein bißchen« um Christologie bemüht. Aber dann schloß er: Das alles »kann doch nur kritische Hilfsarbeit sein, um zu dem Punkt vorzudringen, wo es dann geschehen mag, daß es heißt – wie bei den Jüngern auf dem Berg der Verklärung: ›Sie sahen niemand denn Jesum allein‹.«

Der Allversöhner

Als Kind wurde Karl Barth regelmäßig in die Sonntagsschule geschickt. Das ging gut, bis er eines Tages mit glühenden Wangen heimkam und voll Begeisterung berichtete, sie hätten heute dort die Hölle durchgesprochen. Das sei so wunderbar interessant gewesen, von all den dort vorhandenen Stockwerken und von all den dort bereiteten Strafen zu hören.

Der Vater war entsetzt über eine Sonntagsschule, in der Kindern die Hölle interessant gemacht wurde, und erklärte: »Heute warst du zum letztenmal dort.« Fortan hielt der Vater seinen Kindern sonntags selber den Kindergottesdienst.

Der Sohn hatte dabei etwas für sein Leben gelernt. Später faßte er es so zusammen: Jesus ist nicht gekommen, um mitzuteilen, daß man verlorengehen kann, sondern dazu, Verlorene zu retten.

Nun begann man freilich gegen ihn einzuwenden, er habe jetzt eine »Schlagseite« nach der anderen Seite – er lehre die »Irrlehre der Allversöhnung«, wonach am Ende Gott keinen verdamme, sondern jeden annehme.

*Karl Barth während der Tagung der »Gesellschaft
für evangelische Theologie« im März 1956, mit Joachim Beckmann,
dem späteren Präses der Rheinischen Kirche, und den Professoren
Hans Joachim Iwand und Wilhelm Schneemelcher (von links).*

Doch lehnte er auch diese Lehre ab, weil nach ihr ein jeder automatisch gerettet werde, während nach der Schrift niemand selig werde außer durch Gottes Gnade. Aus Gnade selig werden schließe aus, daß das auch nur einem einzigen automatisch widerfahre.

Aber eine gewisse »Schlagseite« in diese Richtung hatte er doch und stellte es auch nicht in Abrede. Steht denn nicht im Kolosserbrief 1,20, daß durch Christus »das All versöhnt« wurde?

Er führte darüber einmal ein Gespräch mit dem ihm lieben Berner Gemeinschaftsmann Richard Imberg. Der tat dar, er glaube an die Allversöhnung. Darauf Barth: »Nein, ›es‹ gibt keine Allversöhnung, aber *er* gibt ... Ich glaube nicht an die *Allversöhnung*, aber ich glaube an *Jesus Christus*, den Allversöhner.«

Dieser Glaube war für ihn indes keine bloße Theorie. Wie von da aus vielmehr praktisch die Mitmenschen anzusehen sind und wie mit ihnen umzugehen ist, gab er einmal durch eine kleine Bemerkung zu verstehen. Er hatte eben eine Reihe »seiner« Strafgefangenen im Baseler Gefängnis besucht und ihnen weithin nur zugehört. Als er wieder draußen war, fragte er sich verwundert: »Sollte ich eigentlich doch so etwas wie eine wandelnde Darstellung der Irrlehre von der apokatastasis panton [d. h. der ›Allversöhnung‹] geworden sein, daß ich nun noch keinen dieser Männer einfach kopfschüttelnd und betrübt verlassen konnte, vielmehr bei jedem irgend etwas mich selbst Ermutigendes und Erfreuendes gesehen zu haben meinte?«

Ein Fingerzeig

Noch im hohen Alter hatte Karl Barth unmittelbar vor sich über seinem Schreibtisch ein Bild hängen, das er sich 50 Jahre zuvor erworben hatte. Es hatte ihn seither auf allen Stationen seines Lebens begleitet, und in seinem An-

blick hatte er seine Schriften verfaßt. Zuletzt war es ge-
schwärzt vom Rauch der vielgebrauchten Tabakpfeife.

Es handelte sich um eine Reproduktion des großen
Hauptstücks des Isenheimer Altars: das Bild des Gekreuzigten, auf den der neben ihm stehende Johannes der Täu-
fer hinweist. Über dessen Hand die Worte: »Illum oportet
crescere«, »er muß wachsen ...«

Zunächst war es die Gestalt jenes Johannes, die es Barth
angetan hatte: er »mit seiner in fast unmöglicher Weise zeigenden Hand. Diese Hand ist's, die in der Bibel dokumen-
tiert ist«. Das hatte er schon als jüngerer Mann so geschrieben. Von damals her sah er die Aufgabe aller christlichen
Theologie darin, diese Hand gleichsam nachzubilden.

Weniger darf sie nicht leisten. Sie darf vor allem nicht die
Hand umkehren und auf den zeigenden Menschen hin zeigen. Aber *mehr*, als zu solch einer zeigenden Hand zu
werden, kann die Theologie auch nicht leisten. Sie kann
nicht Selbstzweck sein. Das entscheidende ist nicht, was
sie sagt. Das entscheidende liegt außerhalb von ihr, ist immer nur der, auf den sie bestenfalls hinweist.

Nun spielte das Bild einmal eine Rolle in einem Gespräch. Zu Gast war bei Barth ein jüngerer Theologe, der
eben ein vielbeachtetes Buch vorgelegt hatte. Doch der
Gastgeber war nicht zufrieden und hielt seinem Besucher
entgegen: »Ihr Gott kommt mir ein bißchen pover vor«.
Alles Heil bestehe in der »Erkenntnis des ›ewig *reichen*
Gottes‹.« Da wies der Angesprochene auf jenes Bild über
dem Schreibtisch hin: »Da bitte, Gott *ist* auch ein poverer,
ärmlicher Gott!«

Darauf Barth: »Aber, lieber Herr Kollege, wie können
Sie das sagen! Das ist ja eben die Offenbarung des ›*ewig
reichen*‹ Gottes, daß er arm wurde um unsretwillen.«

Des Theologen Werk

In kleinem Kreis äußerte Karl Barth: Es sei seine Erfahrung, daß ein einzelnes Bibelwort einen zuweilen wie ein Pfeil treffen könne und einem dann so unter die Haut gehe, daß es lebenslang haften bleibe.

Er nannte ein Beispiel. Es war, als er noch ein Junge war und in einem Mietshaus in der Berner Länggasse aufwuchs. In seinem Elternhaus herrschte ein nicht gerade kärglicher, aber doch schlichter Lebensstil. So war es den Kindern eine Wonne, wenn ein jedes zum Wochenende vom Vater fünf Rappen ausgehändigt bekam. Das Geld war allerdings sogleich in einer Spardose aufzubewahren.

Auch für damalige Verhältnisse war das wohl nicht gerade ein Kapital. Doch sammelte sich im Lauf der Wochen eine kleine Summe an, wie man sich an Gewicht und Klang der Spardose überzeugen konnte. Je mehr sich ansammelte, desto mehr wurde die Phantasie des jungen Karl mit Ideen beflügelt, wie die klingende Münze eines Tages in nützliche Dinge umzuwandeln wäre.

Die Phantasie kam nicht auf ihre Rechnung. Es geschah nämlich, daß in einer anderen Wohnung des Hauses ein Kind schwer erkrankte. Natürlich war das Leiden des Kindes auch Tischgespräch bei den Barths. Der Vater, der Theologieprofessor Fritz Barth, sagte schließlich, es stünde dem gleichaltrigen Karl wohl an, jetzt nicht nur mitleidig zu *reden*; er solle sein Mitleid auch *zeigen* und dem Kranken ein schönes Geschenk kaufen und überbringen. Der Vater ging noch weiter und meinte, das sei ja nun der gegebene Anlaß, das Ersparte nützlich anzuwenden.

Karl war dazu freilich nicht im mindesten bereit. Er war ganz außer sich über diese Zumutung und hatte tausend Ausflüchte und Einfälle, wie dieses Opfer guten Gewissens zu umgehen wäre.

Doch der Vater ließ nicht locker. Als er mit Karl unter vier Augen allein war, gab er ihm seine Spardose in die Hand – und jetzt kam das Bibelwort, das den Jungen wie ein Pfeil traf: »Wer da weiß, Gutes zu tun, und tut es nicht, dem ist's Sünde« (Jakobus 4,17). Der Vater sprach's und ließ den Sohn mit seiner Spardose allein – und mit dem Spruch.

Noch der alte Karl Barth sagte: Daß er damals sofort gewußt habe, was er nun zu tun hatte, sei ihm viel weniger wichtig als dies, daß er den Spruch seither nicht mehr vergessen habe.

Ein Esel

Karl Barth erhielt mancherlei Ehrungen. Er freute sich wohl über eine jede. Als er seine zehnte oder elfte Ehrendoktorwürde empfangen hatte, nahm er sie freilich mit der Bemerkung entgegen: »Wenn ich je die Chance habe, in den Himmel zu kommen, so werde ich all diese Ehrendoktorhüte gleich bei der Garderobe abgeben müssen.«

Hinter dem Humor verbirgt sich ein Gespür für das Fragwürdige und die Gefahr solcher menschlichen Würdigungen. Der Vielgeehrte äußerte selbst einmal: Die alten Propheten habe man nicht ausgezeichnet, sondern getötet! Und habe nicht Jesus gesagt: »Wie könnt ihr glauben, die ihr Ehre voneinander annehmt?«

Um sich selbst vor eitlem Stolz zu warnen, unternahm Barth einst etwas Sonderbares. Als er seine zweite Auslegung des »Römerbriefs«, die ihn weltberühmt machen sollte, beendet hatte, schenkte er sich selbst ein Exemplar und trug darin folgende Widmung ein: »Karl Barth seinem lieben Karl Barth, 1922«. Dazu setzte er die Worte Martin Luthers: »Fühlest du dich aber, und lässest dich dünken, du habest es gewiß und kützelst dich mit deinen eigen Büchlin, Lehren oder Schreiben, als habest du es seher köstlich gemacht …, so greif dir selber an deine Ohren, und greifest du recht, so wirst du finden ein schön Paar großer, langer, raucher Eselsohren.«

Als er 80 Jahre alt wurde, entsann er sich der Widmung. Dabei brachte er diesen Esel von damals in Verbindung mit jenem Esel, der einst den Herrn Jesus nach Jerusalem trug.

Und dann verglich er sich auch mit diesem zweiten Esel: »Wenn ich etwas geleistet habe in diesem meinem Leben, so ist es die Leistung eines Verwandten jenes Esels – trotz all des Fatalen, das mir nachzusagen ist und bleibt … Es brauchte in unserer Zeit offenbar eine etwas andere Theologie, als sie vorher da war, und nun durfte ich der Esel sein, der diese bessere Theologie wenigstens ein Stück weit tragen durfte oder zu tragen versuchte, so gut ich das konnte.«

Eingeschlagen

Einmal schickte jemand an Karl Barth ein Manuskript, in dem dessen Leben dargestellt wurde. Nach der Lektüre sagte ich ihm: »Das können Sie so nicht zurückschicken. Es finden sich darin einige Anekdoten, die historisch unzutreffend sind.« Er erwiderte: »Die lassen wir dem Mann ruhig in seinen Papieren. Öfters sind Legenden viel wahrer als historisch zutreffende Daten.«

Nun, ich kenne auch eine solche Legende, die mir einmal ein unterdes grau gewordenes Glied in Barths früherer Gemeinde Safenwil erzählte. Es war die Zeit (nach 1916), in der Barth von dem Gedanken bedrängt und geplagt wurde, Kirche und Theologie könnten sich auf einem gründlichen Irrweg befinden. Und er wurde davon um so mehr bedrängt, als er es selber auch nicht besser machen zu können glaubte. »Ich predigte heute mit dem deutlichen Eindruck: das kann noch nicht durchschlagen, weil es ja bei mir selbst noch lange nicht durchgeschlagen hat«, schrieb er damals.

Es war die Zeit, in der dann freilich das passierte, was er später in dem schönen Satz zusammenfaßte: Da »bin ich allmählich auf die Bibel aufmerksam geworden.« Er stieß auf den Römerbrief des Paulus, und der packte ihn so, daß er binnen kurzem zwei Bücher darüber schrieb: ein weithin beachteter flammender Aufruf, mit Gott ganz neu ernst zu machen und anzufangen.

Eben damals, so sagte mir das Gemeindeglied, habe sich wahrhaftig folgendes zugetragen: Eines Tages sei unvermutet aus heiterem Himmel ein Blitz herniedergefahren, sei durch das geöffnete Fenster von Barths Stube gezuckt und habe in dem Schreibtisch eingeschlagen, auf dem das »Römerbrief«-Manuskript lag.

Kaum ist die Geschichte historisch, aber vielleicht eine sehr wahre Legende. Denn das war damals passiert: Es hatte eingeschlagen – und zwar so, daß sogar der »Mann auf der Straße« irgendwie verstehen konnte, daß es da zuging wie zu Elias Zeiten. Es ist allemal wie das Einschlagen eines Blitzes, wenn einer Christenheit wieder einmal das lang Verschüttete hell aufgeht: »Die falschen Götzen macht zu Spott; der Herr ist Gott!«

Die beiden Karls

Im Sommer 1934 fand eine Internationale Studentenkonferenz in dem Schweizer Dorf La Châtaignerie statt. Es war ein Sommer, wie er im Buche steht. Unten winkte der Genfersee, darüber stand die Kulisse der Schneeberge und über allem die Sonne, die nach Jesu Wort über Guten und Bösen leuchtet.

Während einer Diskussionsrunde ergötzte ein Redner die Anwesenden mit dem Ausspruch eines japanischen Professors: Er habe der Weisheit letzten Schluß darin gefunden, daß er für das innere Leben Karl Barth und für das äußere Leben Karl Marx verehre.

Nun war der erste Karl bei der Tagung auch anwesend, als Referent. Und dieser Karl brachte gewiß Verständnis auf auch für den anderen Karl. War es doch nicht zu lange her, daß er als Pfarrer hinter der roten Fahne durch sein Dorf gezogen war.

Damit hatte er ein Zeichen setzen wollen, daß ein Christ auch für irdische Gerechtigkeit einzutreten habe. Und für diesen nötigen Einsatz hatte er auch Gedanken des zweiten Karl auf sich einwirken lassen – sagen wir, gemäß dem guten Rat der Bibel: »Prüfet alles und das Beste behaltet!«

Als ihm jetzt bei der Versammlung oberhalb des Genfersees der Satz von den beiden Karls zu Ohren kam, ergriff er das Wort und wandte allerdings folgendes dagegen ein:

»Sie haben hier ein klassisches Beispiel eines Menschen, der, statt vor aller menschlichen Weisheit zu fliehen, sich in sie zu retten sucht. Alles würde darauf ankommen, daß er diese *beiden* ›Karls‹ dahinten ließe, rechtsumkehrt machte und in größtmöglichster Eile von hier weg nach dort strebte!«

Nach dort? Wo denn anders hin als zum Zeugnis des biblischen Wortes? Vielmehr hin zu dem darin Bezeugten selber!

Es soll nicht sein

Ein alter, ergrauter Arbeiter erzählte mir, wie er einst in dem Arbeiterdorf Safenwil an einer Diskussion des Arbeitervereins mit Industrieherren teilgenommen habe. Dort sagte einer der Arbeiter, er müsse jeweils so früh zur Arbeit und komme abends so spät heim, daß er während der

Woche nie seine Kinder sehe. So daß einmal eines die Mutter fragte: »Warum kommt sonntags immer der fremde Mann zu uns zum Essen?« Darauf schallendes Gelächter der »Herren« über den Witz! Aber da sprang ein junger Mann auf und rief: »Euer Lachen wird euch noch vergehen!«

Der Mann war der Ortspfarrer Karl Barth. Jener Alte schloß seinen Bericht mit den Worten: »Unser Pfarrer hat es eben mit den Geringen gehalten!«

Er *hat* es in der Tat. Und das nicht, weil er meinte, als Pfarrer »Parteipolitik« treiben zu sollen, sondern weil er glaubte, daß *Jesus* Partei ergriffen hat für die Armen.

Schon als 25jähriger erklärte er an seinem Ort: »1800 Jahre lang hat die christliche Kirche gegenüber der sozialen Not immer auf den Himmel verwiesen. Sie hat gepredigt, bekehrt, getröstet, aber sie hat nicht geholfen.« Sie hat wohl gute Werke christlicher Liebe empfohlen. »Aber sie hat nicht gesagt: Die soziale Not soll nicht sein, um dann ihre ganze Kraft für dieses ›es soll nicht sein‹ einzusetzen. Das ist der große, schwere Abfall der christlichen Kirche von Christus.«

Er hat sich für dieses »es soll nicht sein« eingesetzt – durch Arbeiterschulung, durch Gründung von Gewerkschaften, als Streikredner, durch ein Einreden auf den Fabrikanten »wie Mose zu Pharao«, damit er die Bedrückten in die Freiheit ziehen lasse …

Damals zog ein etwas wilder Revolutionär, Willi Münzenberg, durchs Schweizerland und hielt einen Vortrag wider die drei Bollwerke, die die soziale Hilfe verhindern: Militär, Kapital und Kirche. Als er auch in Safenwil auftauchte, klärten ihn die Arbeiter auf: Hier könne er getrost den dritten Teil seiner Rede weglassen.

Hier aß er vielmehr dann, zu angeregter Unterhaltung, am Mittagstisch des Pfarrers.

Auf den Kopf gestellt

Es war für Karl Barths Denken bezeichnend, daß er herrschenden Denkweisen und gewohnten Fragestellungen eine Umkehrung gab, die Dinge dabei gewissermaßen auf den Kopf stellte und sie so in einem neuen Licht zu sehen lehrte.

Hören wir, was schon der Dreißigjährige erklärte: Die Bibel sage uns »nicht die rechten Menschengedanken über Gott, sondern die rechten Gottesgedanken über den Menschen. Nicht wie wir den Weg zu ihm finden, sondern wie er den Weg zu uns gesucht und gefunden hat.«

In einer Diskussion fragte ihn später jemand, wie wir denn heute noch etwas mit Gott anfangen könnten. Barth entgegnete: »Nein, es geht nicht darum, daß wir etwas mit Gott anfangen können, sondern es geht darum, daß er seinerseits etwas mit uns anfängt.« Wieder diese Umkehrung!

Oder in einem längeren Gespräch mit Häftlingen. Barth unterbrach auf einmal das Reden: »Ich glaube, jetzt haben wir genug gehört, was *Sie* für Fragen an die Bibel haben. Jetzt wollen wir einmal hören, was die Bibel *uns* zu fragen hat!«

Eine ähnliche Umkehrung machte er geltend, als er in den sechziger Jahren betrübt war durch den wogenden Streit zwischen sogenannter moderner Theologie und »Bekenntnisbewegung«, die die Glaubenswahrheiten gegen jene Theologie schützen zu müssen meinte. Er hielt ihn für einen langweiligen, unfruchtbaren Streit zwischen zwei zerstrittenen Verwandten.

Ende 1967 weilte er in einem Kreis von Mennoniten. Auch sie fragten ihn, ob nicht das Evangelium durch die moderne Theologie zerstört werde. Barth daraufhin: Man müsse weder fürchten, daß der moderne Mensch das Evangelium nicht verstehen könne, noch Angst vor der modernen Theologie haben, als ob sie das Evangelium bedrohen könne.

So oder so, sagte er – und jetzt kam wieder diese Umkehrung: »Wir haben nicht für den lieben Gott zu sorgen, sondern er sorgt für uns. In jeder Hinsicht muß man darauf abstellen und ganz ruhig daraufhin leben: Er sorgt für uns ... und sorgt dafür, daß sein Evangelium nicht unter den Tisch fällt, sondern auf dem Tisch bleibt.«

Ich beauftrage Sie

Als Karl Barth in Deutschland nicht mehr bleiben konnte, weil die braune Politik ihn vertrieb und auch seine Kirche ihn nicht halten wollte, nahm er im Frühjahr 1935 bewegt Abschied von seinen Bonner Studenten. Er ahnte wohl das Schwere, das auf sie zukommen würde. Darum rief er ihnen nochmals das eine zu, mit dem man auch im Schwersten standhalten und durchhalten kann. Er rief sie zur Heiligen Schrift und zur Schriftauslegung, zur »Exegese«. Seine letzten Abschiedsworte waren: »Exegese, Exegese und noch einmal Exegese!«

Im Oktober tauchte Barth nochmals in Deutschland auf, um sein eigentliches Abschiedsgeschenk zu überbringen, einen Vortrag, der sagte: Der Gott, dem ein Christ zu gehorchen hat, ist kein anderer als der Gott des Evangeliums. Das zielte gegen die Meinung, man könne den Gehorsam gegen Gott und den gegen Hitler gleichsetzen.

Wegen Redeverbots konnte Barth aber seinen Vortrag nicht selbst halten. Statt seiner las Karl Immer, Pastor in der Erlöserkirche in Wuppertal, in seiner Kirche das schwerleserliche Manuskript vor, so, als hielte er eine eigene Rede.

Doch der wahre Redner ließ sich nicht verbergen. Die Polizei nahm ihn fest, um ihn über die Schweizer Grenze abzuschieben. Aber der hatte es nicht so eilig, sondern erklärte seinem amtlichen Begleiter, er wolle erst noch bei seinem Freund Alfred de Quervain, dem Pastor der Nie-

Karl Barth etwa 1932, während Ferien am Zürichsee
bei seinem Freund Rudolf Pestalozzi.

derländisch-reformierten Gemeinde in Wuppertal-Elber-
feld, zu Abend essen. Dort ließ er es sich nicht nehmen,
sich auch am Klavier niederzulassen und, auch vor den
Ohren seines Polizisten, kräftig zu singen:

>»Und sperrt man mich ein
im finsteren Kerker,
das alles sind rein
vergebliche Werke;
denn meine Gedanken
zerreißen die Schranken
und Mauern entzwei:
Die Gedanken sind frei.«

Während der folgenden Eisenbahnfahrt entspann sich ein
reges Gespräch zwischen dem Verhafteten und seinem Be-
wacher – so daß dieser sich zu fragen traute: Ob es wohl
eine Sünde sei, wenn er auf der Rückfahrt diese Dienstreise
für einen Umweg mißbrauche, um seine kranke Mutter zu
besuchen?

Barth lachte, vielleicht weil dem Mann erst jetzt das
Wort »Sünde« einfiel. Bei anderer Gelegenheit sagte er ja
gar einmal: Die Gestapo anlügen sei christlicher Gehorsam. Jetzt setzte er anders ein: »Ich gebe Ihnen hier eine
Predigt von mir und beauftrage Sie, die Ihrer Mutter zu
bringen. Und wenn Sie sie selber lesen, werden Sie verstehen, daß Sie das tun müssen.«

So wurde der Staatsbeauftragte in den Auftrag noch einmal eines anderen genommen.

Einsamkeit

Karl Barth sind nicht nur Ehrungen zuteil geworden. Er
hat auch manche Schmach erlitten.

Als er 1921 das Safenwiler Pfarramt verließ, in dem er

auch nach Gerechtigkeit für die erniedrigten Arbeiter an seinem Ort gerufen hatte, da höhnte im Blick darauf eine Zeitung: »Weil er als Pfarrer nicht taugte, wurde er Professor, um *andere* zu untauglichen Pfarrern zu machen.«

Als er dann im Hitlerstaat eine der neuen Macht gegenüber haltlose Kirche zum Gehorsam gegen Gottes Wort rief, da griff ihn nicht nur die Goebbelspresse als »Staatsfeind« an, sondern es sagte gar ein evangelischer Bischof, daß »gegenwärtig Karl Barth die größte Gefahr für die evangelische Kirche« sei.

Als Barth in der Nachkriegszeit für Versöhnung und gegen Wettrüsten und Atomrüstung eintrat, wurde er erneut als eine Art Landesverräter attackiert, und es gab Stimmen, die nach seiner förmlichen, gerichtlichen Aburteilung riefen.

Barth war von all dem Widerspruch nicht so sehr überrascht. Schon als jüngerer Pfarrer hatte er erklärt, die Kirche sei der Ort, wo »die Wahrheit« ertönen müsse, nicht des Volkes Stimme, sondern Gottes Stimme für die Gegenwart. Und wo das geschehe, da werde man in der Regel »gegen den Strom schwimmen müssen«. Da werde man »wie ein einsamer Vogel auf dem Dache«, wie er es mit Psalm 102, Vers 8 später gern ausdrückte.

In den fünfziger Jahren saß er in kleinem Kreis mit schwäbischen Freunden zusammen. Da ließ Dore, die Frau von Gotthilf Weber, den Seufzer hören: »Ach Karl, darf man denn nie beim großen Haufen sein?«

Er verstand ihren Seufzer wohl. Aber seine Antwort war ebenso kurz wie nüchtern: »Nicht müde werden, sondern weiter, weiter ...!« Und ein andermal erteilte er zu einer ähnlich gestellten Frage die Parole: »Aushalten und ertragen!«

Verlegenheit

Heinrich Barth, der Philosoph, fragte einst seinen Bruder Karl: »Hast du denn eigentlich gar nie an Gott gezweifelt?« Darauf er: »Was die grundsätzliche Voraussetzung des Glaubens betrifft, nie!«

Aber er kannte doch auch ein Zweifeln. Das richtete sich nicht gegen Gott, das richtete sich gegen ihn selber.

Am Sonntag nach der glänzenden Feier seines 80. Geburtstags, zu dem ihm vielfache Ehren zuteil geworden waren, besuchte ich ihn. Er hatte im Schatten der hochgewachsenen Sträucher seines Gartens vor der schon heißen Maisonne Zuflucht gesucht. Da fand ich ihn von unruhigen Fragen bewegt.

»Ach, was sollen diese Ehrungen! Wären nicht, wenn schon, viel eher die zu ehren, die in aller Stille, unbekannt und ungerühmt, aber treulich jahrzehntelang ihre Sache getan haben und es vielleicht viel besser gemacht haben, als ich es schlecht und recht probiert habe? Und bin ich überhaupt in meinem Leben den rechten Weg gegangen? Könnte es nicht sogar eine Flucht vor Gott gewesen sein? Hätte ich ihm nicht damit dienen müssen, daß ich als Missionar in den Urwald gezogen wäre, um die Hungrigen und Durstigen zu speisen und zu tränken?«

Verlegenes Schweigen. Wer will auf so eine Frage antworten, die wie vor dem höchsten Richter gesprochen ist?

Ein anderes Mal saßen wir abends zu dritt beisammen. Da überraschte er uns mit der Frage: »Helfen Sie mir! Und sagen Sie mir, was heißt: ›Und führe uns nicht in Versuchung‹?« Wir spürten, das war keine theoretische Frage; sie kam aus einer Bedrängnis, die er aber nicht direkt aussprach.

Ich dachte, darüber sollte er wohl selbst Bescheid wissen. Hat er nicht diese Bitte bereits mehrfach in seinem Leben eindrücklich ausgelegt? Aber die Bitte stand nun vor ihm wie ein erschreckender Fremdling. Er saß richtig hilflos da, sprachlos verlegen.

Wir stammelten etwas von Hiob und von Gethsemane. Aber das wollte nicht greifen. Wir konnten nicht »helfen«.

Doch ich verstand, wie ernst es ihm war mit seinem Satz, daß ein Christ nicht von den Zinsen eines vormals erworbenen Kapitals leben kann. Und wie ernst mit seinem Satz: »Fortfahren heißt in der theologischen Wissenschaft immer: noch einmal mit dem Anfang anfangen.«

Begegnungen

Leben der Kinder Gottes

Als Karl Barth 1906/7 in Berlin studierte, schaute kaum einer so hoch wie er zu Adolf von Harnack hinauf, dem Haupt der damaligen liberalen Theologie. So hoch hinauf schaute er, daß er sonst keinen Blick hatte für das reiche Leben der Stadt um ihn her.

Vierzehn Jahre später begegneten sie sich wieder, bei einer Konferenz, auf der beide einen Vortrag zu halten hatten. Aus dem Schüler von einst war nun ein forscher Gegner geworden, der durchaus meinte, die Theologie müsse noch einmal auf ganz andere Füße gestellt werden. »Das ewige vermeintliche Besitzen, Schmausen und Austeilen, diese verblendete Unart der Unart der Religion, muß einmal aufhören, um einem ehrlichen, grimmigen Suchen, Bitten und Anklopfen Platz zu machen«, rief er vor den Ohren seines einstigen Lehrers aus.

Der war von diesen Tönen des jungen Mannes entsetzt. »So schlimm« habe es schon lange keiner mehr gemacht, empörte er sich in der Diskussion. Aber auch Barth war erschrocken darüber, wie wenig an geistlicher Substanz der Lehrer für die Sache seiner liberalen Theologie vorzubringen wußte – und bemerkte dazu: »Es ist offenbar, der Götze wackelt.«

Das war eine Anspielung auf Jesaja 41,7, wo über die Erbauer eines Götzenbildes gespottet wird und über ihre vergebliche Mühe, »daß es nicht sollte wackeln«.

Aber es war nicht die letzte Begegnung zwischen beiden. Zum Schluß fiel doch noch ein versöhnliches Licht auf ihre gegenseitige Beziehung. Der greise Harnack

Karl Barth mit Freunden in Herborn im März 1951 (von links):
Wilhelm Niesel, Walter Kreck, Helmut Gollwitzer, Ernst Wolf,
Otto Weber (stehend), Gustav Heinemann (sitzend).

weilte zu einem Vortrag in Münster und suchte bei dieser Gelegenheit den jüngeren Kollegen von sich aus auf.

Er fuhr in einer Kutsche vor und interessierte sich offen für Barths dogmatische Bemühungen. Er sagte: Würde er eine Dogmatik schreiben, so stellte er sie unter den Titel »Das Leben der Kinder Gottes«.

Barth witterte hinter jenem Vorschlag wohl aufs neue jenen »Götzen«, daß nämlich an die Stelle Gottes in seiner Offenbarung der an ein Göttliches glaubende Mensch gesetzt werden könnte.

Aber doch blieb ihm die Anregung seines Lehrers unvergessen. Er mußte zugeben, daß darin wenigstens ein berechtigtes Anliegen steckte. In seiner Dogmatik griff er es auf und schrieb ein schönes Kapitel – eben unter dem Titel »Das Leben der Kinder Gottes«.

Umundumgekehrtsein

An einem Sonntag im Jahr 1921 besuchte ein Student den Gottesdienst der reformierten Gemeinde in Göttingen. Er lebte sonst in München, wo er sich kühn und phantasievoll in allerlei revolutionären Gedanken und Plänen sonnte. Jetzt war er keineswegs aus eigenem Antrieb in diese Kirche geraten, sondern nur seinen Eltern zuliebe, bei denen er zu Besuch war.

Ein Fremder mit kehliger Stimme predigte. Und er predigte so, daß der junge Mann, fast wider Willen, sogleich unwiderstehlich davon ergriffen wurde.

Er schilderte nachher selbst, was da mit ihm vorging: »Das Gepacktsein steigerte sich im Verlauf des Gottesdienstes zu einem Aufgewühltsein, zu einem Umundumgekehrtsein, zu einer Erschütterung, die bis in die letzten Tiefen meines Wesens drang. So etwas hatte ich bei einer Predigt noch nicht erlebt. Ich verließ die Kirche als einer, der nicht mehr wußte, wo er bleiben sollte. Der Blitz war nicht neben mir niedergefahren, sondern mitten in mich hinein. Ich taumelte nur so. Hier war die Revolution, von der ich die ganze Zeit über etwas geahnt hatte, dunkel nur und unklar, aber doch unabweisbar ... Denn hier war vermittels dieses merkwürdigen Pfarrers einer am Werke, von dem ich mir bislang eine grundfalsche Vorstellung gemacht, dessen Existenz ich bezweifelt, mit dem ich mich weiter nicht eingelassen hatte. Aber jetzt hatte er sich mit mir eingelassen, und wie er sich mit mir eingelassen hatte! Jetzt wurde alles anders.«

Und dann schrieb der Mann weiter: Er sei durch die Predigt zu Kierkegaard, zu Dostojewski gekommen – und dann »zur Bibel und noch einmal und immer wieder zur Bibel ... Und dabei bin ich geblieben, denn hier ist gut sein.«

Der Prediger war Karl Barth, und der gepackte Hörer war der Dichter Manfred Hausmann.

Das Richtige treffen

Es gehört zum Geheimnis der Kirche Christi, daß in Fragen geistlicher Entscheidung verwandte Seelen sich scheiden, aber auch entgegengesetzte Charaktere zusammenfinden können. Karl Barth und Martin Niemöller etwa waren zwei so entgegengesetzte Menschen, und sie wären es immer geblieben, wenn nicht ...

Aber halt, zunächst ist darauf hinzuweisen, wie fremd sie einander tatsächlich waren. Als sie sich 1925 erstmals in Münster trafen, schauten sie sich mißtrauisch an, gewiß, daß sie sich einander nicht gefielen.

Als sie sich in den kirchlichen Wirren der ersten Hitlerzeit im November 1933 in Berlin wiedertrafen, hielt Niemöller Barths grundsätzliches Argumentieren für unmöglich, und Barth schrieb: Einer der schlimmsten sei dieser Pfarrer und frühere U-Boot-Kommandant; am besten, er kaufe sich wieder ein U-Boot und steche in See, wovon er wohl mehr verstehe als von der Kirche.

Gerade diese beiden wurden aber in diesen Tagen so »*eines* Geistes«, daß sie es für ihr weiteres Leben blieben. Sie wurden und blieben es, weil sie in der einen, immer wieder entscheidenden geistlichen Frage zusammengedrängt wurden – in der Erkenntnis, daß wir in allen Bereichen Jesus Christus zu eigen sind und nicht anderen Herren.

Nach dem Krieg soll ein Gespräch zwischen beiden so verlaufen sein: »Martin, ich wundere mich, daß du trotz der *wenigen* systematischen Theologie, die du getrieben hast, doch fast immer das Richtige triffst!« Darauf er: »Karl, ich wundere mich, daß du trotz der *vielen* systematischen Theologie, die du getrieben hast, doch fast immer das Richtige triffst.«

Das war natürlich von beiden mit Humor gesagt und muß auch so verstanden werden, namentlich, was das Lob betrifft, das sie sich da gegenseitig so großherzig zubilligten.

Und doch zeigt das Gespräch, was sie unterschied, und mehr noch das, was sie verband – daß es darauf ankommt, »das Richtige zu treffen«, auch wenn man es, vorsichtig gesagt, »nicht immer« trifft. Aber darauf!

Was heißt es wohl, »das Richtige zu treffen«? In ihrem Sinn einfach: den Ort sehen und bezeichnen, wo Gottes und Christi Wort und Wille heute besonders zum Zuge kommen will.

Jetzt verstehe ich dich

Sie waren zwei so verschiedenartige Menschen, daß sich viele wunderten, wie sie einander doch so herzlich Freund sein konnten: Karl Barth und der Professor für mathematische Logik Heinrich Scholz.

Fast am Ende ihres gemeinsamen Weges zitierte Scholz einen Vers:

»Und wenn die Menschen meinen,
Sie hätten ihn besiegt …,
Gott sorgt schon, daß sein Schreiten
Die Welt nicht ganz vergißt.«

Und er bemerkte dazu: »Wenn das ein Kinderglaube ist: nun wohl, so werde ich sagen dürfen, daß es die Wiedergeburt dieses Kinderglaubens ist, die ich dem Basler Freunde schuldig geworden bin.«

Das heißt nicht, daß sie immer derselben Meinung waren. 1930 etwa kam es zu einer interessanten Diskussion zwischen beiden. Scholz kam von Münster nach Bonn gereist, um in Barths Seminar einen Vortrag zu halten. Darin führte er aus: Nur wenn die Theologie die und die allgemein-vernünftigen Grundsätze anerkenne, könne sie als eine Wissenschaft anerkannt werden.

Der Freund antwortete mit ruhigem Bedacht: Diese Grundsätze seien für die Theologie »rundweg unannehmbar«. Ob die Theologie rechte »Wissenschaft« sei, das könne eben nicht mit irgendwelchen Maßstäben festgestellt werden, die von außen an sie herangetragen werden; das bemesse sich vielmehr an ihrer Treue gegenüber ihrer besonderen, eigenen Sache.

Der Widerspruch trübte indes die Verbundenheit nicht, sondern durch den Fortgang des Gesprächs vertiefte sie sich noch.

War es nun bei dieser oder bei einer anderen Gelegenheit, es knüpfte jedenfalls daran an, wenn Scholz dann an den Freund die Frage richtete: »Aber sage mir doch einmal, auf welchem vernünftigen Grundsatz ist denn die christliche Theologie aufgebaut?«

Der Gefragte erwiderte spontan: »Jesus Christus ist auferstanden von den Toten!«

Barth beschrieb selbst die erstaunte Reaktion des Fragestellers: »Da hat er mich ernst angeschaut und gesagt: Das geht gegen alle Gesetze der Physik, der Mathematik und der Chemie, aber jetzt verstehe ich, was du meinst.«

Versöhntes Lächeln

Das war eine rechte Zornestat – die kleine Schrift, die Karl Barth 1934 verfaßte, teils im frühen Morgenglanz auf dem Monte Pincio in Rom – die Schrift mit dem bloßen Titel »Nein!« War es ein *heiliger* Zorn, der ihn da schreiben ließ? Aber gilt nicht auch vom gerechten Zorn, was die Bibel sagt: daß er nicht tut, was vor Gott recht ist?

Diese Schrift richtete sich immerhin gegen seinen bisherigen Freund und Kampfgenossen Emil Brunner in Zürich. Der Sache nach hatte er wohl keinen Zweifel, daß der Widerspruch nötig war. Er konnte es durchaus nicht anders sehen: Der Freund hatte soeben in einer Schrift die Grundlagen bejaht, auf denen auch jene Theologie stand, die in Deutschland das Hitlerregiment freudig bejahte. Dazu konnte er nichts sagen als eben – »Nein!«

Doch, *mußte* es so *grimmig* gesagt sein? Ja, *durfte* es so bitter gesagt werden? Die Sache verfolgte Barth bis in die Träume. Und obwohl er bald einmal mit Brunner ausritt, die Freundschaft war zerstört. Und war nicht noch Ärgeres zersprungen? Etwa die Glaubwürdigkeit, im Namen Gottes, des Vaters Jesu Christi, widersprochen zu haben? Barth blieb da unruhig.

Als Brunner im April 1966 im Sterben lag, machte dessen Freund, Peter Vogelsanger, ihm davon Mitteilung. Und Barth antwortete postwendend. Sogleich nach Erhalt des Briefes fuhr Vogelsanger damit ins Krankenhaus und las ihn dem Freunde vor.

Daraufhin, so schrieb Vogelsanger, ging »ein feines, unendlich schönes und versöhntes Lächeln über seine Züge, und er drückte mir still die Hand … Es war nach meiner Kenntnis wirklich der letzte Gruß auf Erden, der ihn erreichte.« Denn gleich darauf sank Brunner in eine Bewußtlosigkeit, aus der er nicht mehr erwachte.

Barths Brief aber lautete so: »Sagen Sie ihm ... ›*Unserem* Gott befohlen!‹ auch von mir. Und sagen Sie ihm *doch ja*, die Zeit, da ich meinte, ihm ein ›Nein!‹ entgegenrufen zu müssen, sei längst vorüber, wo wir doch alle nur davon leben, daß ein großer und barmherziger Gott zu uns allen sein gnädiges Ja sagt.«

Damals und dort

Zu einem Glas Wein saß Karl Barth in einer Abendstunde mit Paul Tillich, dem etwa gleichaltrigen, bedeutenden deutsch-amerikanischen Theologen, zusammen. Es war das letztemal, daß die beiden sich gegenübersaßen.

Was ihre Lehre betrifft, vertraten sie denkbar weit auseinanderliegende Ansichten. Doch das hinderte sie nicht, sich gegenseitig herzlich gern zu haben. Und so konnten sie sich auch jetzt munter unterhalten. Dabei ließ es sich freilich nicht vermeiden, daß sie dabei wie von selbst auf den Punkt kamen, wo ihrer beider Wege sich trennten. Das ging so:

Tillich erzählte von einer Palästinareise, bei der er auch Nazareth aufgesucht habe. Da habe er doch wahrhaftig an einem Haus – in Anspielung auf das Gezeugtsein Jesu durch den Heiligen Geist – die Inschrift gelesen: »Hic verbum caro factum est« (Hier ist das Wort Fleisch geworden). Diese Inschrift sei doch eine große Geschmacklosigkeit.

Barth antwortete: »Also, ob das ›hier‹ sich tatsächlich an *diesem* Platz abgespielt hat, das ist natürlich mit Humor zu nehmen. Aber *sachlich* geht das ›hier‹ durchaus in Ordnung. An diesem ›hier‹ hängt sogar die ganze Wahrheit der Menschwerdung Jesu.«

Und eben das war genau der Punkt, wo ihre Wege auseinandergingen. Denn Barth meinte, worauf seine Bemerkung ja auch zielte: Das Heil liegt nicht in irgendeiner
raum- und zeitlosen *Idee*, nicht in einem *Prinzip*, und sei
es das einer Vermählung von »Geist und Leib«. Das Heil
liegt vielmehr in einer *Person*, in der, die »*hier*«, die damals
und dort erschienen ist.

Im Treppenaufgang

Besuchern, die zu Karl Barth kamen, fiel auf, daß an den
Wänden im Treppenaufgang hin zu seinem Arbeitszim-
mer eine ganze Galerie von Bildern aufgehängt war – Por-
traits ausschließlich der großen Theologen des 19. Jahr-
hunderts.

Das war schon auffällig. Waren die da Abgebildeten
nicht die erklärten Gegner seiner Theologie, mit denen er
gründlich abgerechnet hatte? Der Vorwurf, den er ihnen
allen machte, ließ sich ja wirklich hören. Er hatte es schon
früh auf die Formel gebracht: Von Gott reden, das müsse
– ganz im Unterschied zu diesen Theologen – sicher noch
einmal »etwas Anderes« heißen, »als in etwas erhöhtem
Ton vom Menschen (zu) reden«.

Als der damals noch junge Kirchengeschichtler Karl
Kupisch einst den Lehrer besuchte, besahen sie sich ge-
meinsam diese Galerie. Und zuletzt wurde der Gast vor
einen Rahmen geführt, der am Ende der Bilderreihe hing
und der einen – Spiegel enthielt.

»Gucken Sie einmal hinein!«, wurde er lächelnd aufge-
fordert. »Ob Sie wohl auch so einer werden wie diese
hier?« Aber die Frage meinte ja sicher auch: Jedenfalls sind
Sie nun an der Reihe und sind ernstlich gefragt, wie denn
jetzt *Sie* Ihre Sache machen!

Wenig vor Barths Tod besah er sich zusammen mit dem
Dichterpfarrer Albrecht Goes ebenfalls diese Galerie, Bild

um Bild. Besonders blieben sie vor dem Portrait Schleiermachers stehen, des großen Theologen, dem Barth vor allem zu widerstehen gesucht hatte.

Der Besucher bemerkte, er habe einen früheren Aufsatz Barths »gegen« den Mann vielmehr als eine »grimmige Liebeserklärung« gelesen. Und er selbst habe dadurch gelernt, »daß man nur dann einen Gegner versteht, wenn man immer auch *für* ihn argumentiert.«

Der Angeredete erwiderte: »Das freut mich. Da haben Sie auf alle Fälle etwas Gutes gelernt. Man muß nicht immer gerecht sein wollen.« Und »man kennt seinen Partner nicht, wenn man ihn a priori verteufelt. Das ist schlechtes politisches Handwerk«.

Gottes Volk

Die Juden

Ein Schüler Barths berichtete, wie er 1933 zusammen mit anderen jeweils am Sonntagmorgen zu paramilitärischen Übungen gezwungen war. Aber dann seien sie atemlos vom Exerzierplatz gerannt, um noch ihren Lehrer in der Bonner Schloßkirche predigen zu hören.

So war es auch am 2. Advent jenes Jahres. Die Kirche war schon überfüllt, als sie eintraten. Und dann wurden sie – mit der übrigen Gemeinde – noch in einem anderen Sinn atemlos. Denn Barth predigte jetzt über die Juden, nicht in freier Willkür, sondern nach der Schrift und, weil sie ihn dazu nötigte.

Er sprach es ganz ruhig und unbekümmert aus – das Wort, das schon damals zum Unwort geworden war, zur Bezeichnung der Erniedrigung und Beleidigung eines Volkes, von dem man abrückte, um die eigene Haut zu retten.

Er aber redete davon, daß gerade dieses Volk der Juden von Gott erwählt sei und daß unser Herr Jesus Christus dieses Volk und seine Art »angenommen« habe. Angenommen! Sie, diese »Abgewiesenen«, von ihm angenommen!

Sicher, so formulierte er, sieht Jesus Christus »uns als Juden im Streit mit dem wahren Gott und als Heiden im Frieden mit den falschen Göttern, aber er sieht uns auch beide vereint als ›Kinder des lebendigen Gottes‹.« Und darum bleibe gar nichts anderes übrig als dies, »daß wir uns nur noch die Hände geben können«.

Das waren starke Worte. So stark, daß einige Hörer während der Predigt aus Protest die Kirche verließen. Aber darf man es schwächer sagen, wenn nicht ein Gefühl oder eine Stimmung, sondern wenn die Heilige Schrift das Textbuch der Kirche ist?

Nach der Predigt wandte sich eine Frau brieflich an Barth, in Unruhe wegen ihres jüdischen Schwiegersohns. Er antwortete, sie habe die Predigt recht verstanden, wenn sie den Schwiegersohn liebhabe, ohne sich auch nur eine Sekunde durch den gegenwärtig herrschenden Unfug beirren zu lassen. Denn zum Glauben an Christus, der selbst ein Jude war, gehöre unbedingt, daß ein Christ »die Mißachtung und Mißhandlung der Juden, die heute an der Tagesordnung ist, einfach nicht mitmachen darf«.

Der Laie

Es war ein erhebender Augenblick, der sich in die Kirchengeschichte eingeschrieben hat. Er trug sich zu in der Kirche Barmen-Gemarke auf der ersten Reichs-Bekenntnissynode, bei der sich Delegierte der deutschen evangelischen Kirchen zu einer theologischen Erklärung gegen deren innere Bedrohung durch die braune Flut zusammengefunden hatten. Jetzt, am Donnerstag, dem 31. Mai 1934, gegen Mittag, erhoben sie sich spontan und sangen den Vers: »Lob, Ehr und Preis sei Gott ...« Warum?

Sie hatten soeben einmütig ein Bekenntnis abgelegt, und zwar durch die Annahme von sechs Thesen. Und das Bekenntnis war deutlich. Es bezeichnete das eine Wort Gottes in Christus als die Quelle aller kirchlichen Verkündigung und lehnte es ab, daneben »noch andere Ereignisse und Mächte, Gestalten und Wahrheiten als Gottes Offenbarung« anzuerkennen. Viele spürten es: Hier bekannte man wie zur Zeit der Reformation und ging doch einen wichtigen, notwendig gewordenen Schritt über sie hinaus.

Die Thesen waren kurz zuvor im Hospiz »Baseler Hof« in Frankfurt/M. weithin von Karl Barth formuliert worden. Das geschah dort besonders in einer Mittagspause, als

Karl Barth zu Beginn der dreißiger Jahre,
also zur Zeit des beginnenden »Kirchenkampfes« der Bekennenden Kirche
gegen ein nationalsozialistisches Kirchenregiment.

sich die beiden lutherischen Mitarbeiter zurückgezogen hatten; inzwischen arbeitete Barth bei starkem Kaffee und Brasilzigarren den Text aus. Später scherzte er über die Entstehung des Textes: »Die lutherische Kirche hat geschlafen, und die reformierte Kirche hat gewacht.« Aber das war etwas salopp gesagt, zumal er ja auch ernstlich im Namen der lutherischen Kirche reden wollte.

Während der Barmer Synode selbst ergriff er nicht öffentlich das Wort. Doch sah ihn Heinrich Vogel, der spätere Berliner Professor für Dogmatik, während der Verhandlung tief zusammengebeugt in der Kirchenbank sitzen und meinte ihn seufzen zu hören: »Dürfen wir's tun? Dürfen wir's denn tun?« Nicht: Gewinnt der Text eine Mehrheit? Sondern tiefer, erschrocken über das unerhörte Wagnis: *Dürfen* wir es? Vogel flüsterte zu ihm hin: »Ja, wir dürfen, wir sollen!«

Unmittelbar neben Barth saß übrigens Gustav Heinemann, der ihm seither nah Verbundene. *Beide* waren zu der Synode delegiert als – Presbyter ihrer Gemeinden. Für Heinemann war auch das ein bedeutsamer Nebenaspekt der Synode, daß Karl Barth dort als *Laie* dabei war. Das war ihm ein Zeichen dafür, daß sie auch das war: ein Aufbruch zum Engagement der Laien in der Kirche.

Wie ein Vogel im Käfig

Man hat Karl Barth einen »Lehrer der Kirche« genannt, und das trifft schon die Sache. Aber man darf dabei nicht vergessen, daß er lebenslang auch tief gelitten hat unter dem, was praktisch Kirche heißt und Kirche ist. »Man kann wohl oft einen Ekel bekommen vor dem ganzen kirchlichen Wesen«, sagte er einmal.

Was ist richtig: War er »Lehrer der Kirche«, *obwohl* er solche Mühe mit der Kirche hatte? Oder müßte es nicht besser heißen: Er wurde es, *weil* kirchliches Wesen ihm Mühe machte?

Es lag also wohl auf der Linie seines Denkens, aber es wirkte doch überraschend, wie er sich einst in einer Diskussion mit lutherischen Pfarrern in Bayern ausdrückte. Das Gespräch kreiste um die Zukunft der Kirche; es fanden sich Sprecher, die lebhaft von einem ewigen Zustand der Kirche in Gottes letzter Zukunft am Ende aller Dinge redeten. Da wandte sich Barth gegen dieses Reden mit dem lauten Seufzer: »Aber bitte, doch nicht *ewig* diese Kirche, die schon auf Erden die Menschen so entsetzlich langweilt!«

Hinter dem so spöttisch tönenden Seufzer stand für ihn indes eine ihm teure Wahrheit christlicher Hoffnung. Im letzten Buch der Bibel wird nämlich so von Gottes neuer Welt gesprochen: »Und ich sah keinen Tempel darin; denn der Herr, der allmächtige Gott, selbst ist ihr Tempel und das Lamm.«

Eben diese Wahrheit stand dahinter, als er Jahre zuvor einmal bemerkte: »Man kann in der Kirche nur wie ein Vogel im Käfig sein, der immer wieder gegen die Gitter stößt. Es geht um etwas Größeres als um unser bißchen Predigt und Liturgie.«

Doch hatte der Gedanke hier noch eine bedeutsame Fortsetzung. »*Aber*«, fuhr Barth fort, »wo die apostolische Kirche lebt, da weiß man zwar um diese Sehnsucht …, aber da brennt man nicht durch, da läuft man nicht einfach davon … Wenn wir wirklich auf das Reich Gottes hoffen, dann können wir auch der Kirche in ihrer Kümmerlichkeit standhalten. Dann werden wir uns nicht schämen, in dieser konkreten Gemeinde die eine heilige allgemeine Kirche zu finden.«

Er hat's nötig

Als Prediger war Karl Barth auch die sorgfältige Vorbereitung des Schlußgebets im Gottesdienst jedesmal ein wich-
tiges Anliegen. Er wünschte sich gerade für dieses Gebet,
daß es sich »als möglichst ausgebreitete Fürbitte nach außen, nach allen anderen Menschen, nach der übrigen Kirche und der Welt hin zu öffnen hat.« Und er fügte die
Frage hinzu: Wird sie, die Fürbitte, »nicht so oft vernachlässigt?« Für ihn war die Fürbitte vor allem der Ort, an
dem gar nicht umfassend und konkret genug die »übrige
Kirche und Welt« in den Gottesdienst einströmen konnte.

Hier in der Fürbitte wurde alles vor Gott präsent: die
Jugend und die Alten, die Fröhlichen und die Weinenden,
die Schwermütigen und die Leichtsinnigen, die Frommen
und die Gottlosen, die Gefangenen und »die, die sich für
frei halten«, die Regierungen und die »nach Brot und
Recht und Freiheit rufenden Völker«, die Wirtschaft und
die Universität, die Justiz und die Medien, die Satten und
die Hungernden, die Unterdrückten und Flüchtlinge, und
nicht zu vergessen: »die Kinder, die keine oder keine rechten Eltern haben«, aber auch neben den Gesunden die
Kranken und Sterbenden, schließlich auch die schlafende
und die verfolgte Kirche und das Volk Israel.

Aber was soll ich noch weiteres aufzählen? Kurz, jede
Fürbitte glich der Arche Noahs, in der vieles und Verschie-
denes Raum hatte und in der sich Gegensätzlichstes neben-
einander vertrug.

Nur dies will ich noch erwähnen: Einmal hat eine der
Fürbitten Barths in Basel einiges zu reden gegeben. Es war
noch zu der Zeit, wie sie nicht mehr kommen möge, als
nämlich Protestanten und Katholiken gar nicht gut aufein-
ander zu sprechen waren. Damals schloß Barth eines
Sonntags in seine herzliche Fürbitte auch den Papst zu
Rom mit ein. Das erregte ein kopfschüttelndes Sichmittei-
len unter den Frommen: »Er hat für den Papst gebetet!«
Als Barth selbst darauf angesprochen wurde, sagte er:

»Jawohl, ich habe für den Papst gebetet – er hat's aber auch nötig!«

Ave Maria

Nach *der* Seite hatte Barth nie ein offenes Fenster zum Katholizismus – nämlich, was die Mariologie betrifft. Nichts gegen die biblische Maria! Sie war ihm in ihrer empfangenden Haltung gegenüber Gottes Willen und Wirken ein schönes Vorbild des Glaubens. Und sie war ihm als Frau, in ihrer göttlichen Bevorzugung, ein kritisches Zeichen gegenüber der Weltgeschichte, die sonst von Männern gemacht wird und denn auch entsprechend aussieht.

Gut – aber keine Mariologie! Die katholische Erneuerung im Zweiten vatikanischen Konzil war ihm wohl eine Freude und auch eine ernste Frage an den Protestantismus. Aber soviel sich dort auch wandelte, sein Vorbehalt gegenüber dieser Lehre wandelte sich nicht.

Es gehe doch nicht, einer Magd flugs die Krone einer Himmelskönigin aufzusetzen, konnte Barth sagen. Und es gehe vor allem nicht, ihrer rein empfangenden Haltung erlösende Kraft zuzuschreiben. Er appellierte an die katholische Liturgie, in der es von Christus heißt: »Du allein bist der Höchste!« Du allein – ohne Mitregentin, ohne Miterlöserin!

Nun kann einem eine solche Sache von der Lehre her klar sein. Aber es ist doch noch einmal eine andere Frage, wie ich praktisch mit einem Katholiken umgehe, der diese Klarheit nicht mit mir teilt.

Die Frage stellte sich Barth unvermutet, als er für Monate im Krankenhaus lag. Der Schwester, die ihn dort betreute, schlug er vor, jeweils zum Feierabend im Krankenzimmer eine Andacht zu halten. Sie machte den Protestanten darauf aufmerksam, daß sie aber eine Katholikin sei. »Aber das macht doch nichts«, sagte er, und ohne lange

Überlegung fuhr er fort: »Dann sprechen Sie eben jeweils das Ave Maria und ich das Vaterunser.«

So wurde es gemacht, für Wochen. Der reformierte Theologe sprach in seinem Bett das Herrengebet, und die katholische Schwester stand daneben, bekreuzigte sich und sagte den Mariengruß.

Zum Abschied schenkte sie dem Genesenen einen Rosenkranz, nach dem diese beiden Gebete abwechselnd zu beten sind. Er hängte ihn daheim in Sichtweite von seinem Arbeitsplatz auf.

Ob er da nicht zu weit gegangen sei, wurde Barth gefragt. Er antwortete: Man werde hüben und drüben nicht zusammenkommen, wenn man von einem Katholiken verlangen wollte aufzuhören, katholisch zu sein – sowenig es tunlich sei, seinen evangelischen Glauben unter den Scheffel zu stellen. Ein jeder solle auf seiner Seite den christlichen Glauben nur ernster nehmen als zuvor. Das sei der Weg zur Einheit der getrennten Christen.

Christliche Einheit

Im Sommer 1948 fand die erste Weltkirchenkonferenz in Amsterdam statt unter dem Thema »Die Unordnung der Welt und Gottes Heilsplan«. Karl Barth hatte die Ehre, den ersten Hauptvortrag zu halten. Er drehte dabei das Thema um. Man müsse zuerst von »Gottes Heilsplan« reden. Sonst bleibe man in der Beschreibung des menschlichen Elends und der dagegen etwa zu empfehlenden menschlichen Maßnahmen stecken. Barth sagte das, obwohl das manchen so nicht aus dem Herzen gesprochen war. Aber christliche Einheit kann nicht auf Kosten der christlichen Wahrheit gewonnen werden.

Doch war es die überwältigende Erfahrung der Konferenz auch für ihn, daß über Gegensätze hinweg unter dem Licht des Evangeliums christliche Einheit möglich werden kann.

Schon bei der Vorbereitung hatte er dem führenden Lutheraner Schwedens, Andres Nygren, erklärt: »Wenn das, was Sie da gesagt haben, lutherisch ist, dann bin ich Lutheraner.« Und die Antwort: »Wenn das, was Sie da gesagt haben, reformiert ist, dann bin ich reformiert.«

Und während der Konferenz selbst sah man auf einmal, wie Bischof Eidem Barth umarmte und küßte. Oder man sah ihn so mit dem anglikanischen Bischof Ramsey zusammenwirken, daß ein Dritter ausrief: Wenn das so sei, dann sei das in der Offenbarung Johannes angekündigte tausendjährige Reich »um die nächste Ecke«.

Doch christliche Einheit kann schnell durch scheinbar kleine Probleme gehindert werden, zumal wenn sich dabei auch politische Gegensätze einmischen. So geschah es, als die Amsterdamer »Einigkeit« gleich zu Anfang schon bedroht war – und zwar durch die Weigerung der Indonesier, einen von ihnen zu einem Empfang der Kirchenvertreter am holländischen Hof zu entsenden. Damals war ja Krieg zwischen Indonesien und Holland.

Generalsekretär Visser't Hooft wußte sich keinen anderen Rat: Das Problem mußte Karl Barth lösen. Und der nahm das Problem ernst – und löste es.

Wie denn? Er bat die indonesischen Christen zunächst, ihm ihre Nationalhymne vorzusingen. Darauf sagte er: Es gelte jetzt, einen unnötigen Eklat zu vermeiden. Und der lasse sich auch vermeiden. Er selber sei so gut wie sie ein Republikaner und kein Anhänger des Königtums. Er schlage darum vor, der indonesische Vertreter solle mit ihm zusammen vor Königin Juliane treten und genau beobachten, *wie tief* er sich verbeuge; genau *so* dürfe es ein Republikaner guten Gewissens tun – und dann möge er es Barth nachmachen.

Wie vorgeschlagen wurde es durchgeführt. Die christliche Einigkeit scheiterte damals wenigstens nicht an einem politischen Gegensatz.

Der Balken im eigenen Auge

Dämonen

Bald nach dem Zweiten Weltkrieg ging in christlichen Kreisen in Deutschland die Redeweise um, man sei nun im Dritten Reich leibhaftigen Dämonen begegnet.

Barth nahm Anstoß an der darin steckenden stillen Selbstbewunderung, einem solchen Schicksal ausgesetzt gewesen zu sein, und Anstoß an dem allzu großen Tiefsinn, den man dem Bösen beilegte, das zuvor allerdings ausgebrochen war und gewütet hatte.

Er sagte damals, Christen dürften nun im Blick auf dieses Böse nicht sagen: Da waren *Dämonen* am Werk, sondern: *Wir, wir, wir* sind in die Irre gegangen, als wir ihnen folgten. Nicht einem Schicksal und Verhängnis waren wir ausgeliefert, wir sind und waren *verantwortlich*. Nicht Dämonen haben uns verführt, *wir* haben uns durch falsches Reden und falsches Schweigen schuldig gemacht.

Dahinter stand übrigens eine bestimmte Erkenntnis des Unterschieds zwischen Gott und »Dämonen«: Gott lebt auch dann und stirbt nicht, wenn wir ihn leugnen. Hingegen leben die finsteren Mächte, die »Dämonen«, geradezu von ihrer Anerkennung. Ebendarum lassen sich die eigene Verantwortung und die eigene Schuld nicht auf sie abwälzen.

Das alles hat Barth einmal mit einer überraschenden Entgegnung in *einem* Satz zusammengefaßt: Als jemand – es handelte sich gar um einen renommierten Theologen – wiederholt erklärte: »Wir haben in der Hitlerzeit den Dämonen in die Augen gesehen«, antwortete Barth kurz und bündig: »Das scheint aber den Dämonen gar keinen Eindruck gemacht zu haben.«

Verräter

Ein Kenner hat nachzuweisen versucht, daß Karl Barth einige Worte gleichsam für die christliche Sprache erobert habe. So zum Beispiel das Wort »Solidarität«. Wie dem auch sei, das Wort »Solidarität« war schon sehr bezeichnend für die Art seines Denkens.

Bereits 1911 als 25jähriger hat er sogar Gott, den in Christus offenbaren Gott, als den »solidarischen Gott« bezeichnet. Und gemeint war, daß vor allem er selber Solidarität übt mit dem ihm fremden und entfremdeten, Unrecht leidenden und tuenden, dem gott-losen Menschen.

Wo Gott so gedacht wird, da kann man ihm nicht folgen, ohne auch selber solidarisch zu denken zu versuchen. Es widerstrebte darum Barth, bei der Denkgewohnheit so vieler Christen mitzumachen, die Menschen in ein Schema von Gut und Böse aufzuteilen. Und gerade wo es *wirklich* »Gute« gibt, werden *sie* sich eben mit den »Bösen« und »Verlorenen« solidarisch wissen. Mission, konnte er sagen, sei die Solidarität der schon glaubenden Sünder mit den noch nicht glaubenden Sündern.

So war es kein Zufall, wie er einmal in einer heiklen Situation reagierte. Das war 1948, als er zu einem Vortrag in Ungarn weilte. Ihm war zugeflüstert worden, es befinde sich auch ein Verräter im Saal, der Spitzeldienste betreibe. Er konnte solche Spitzelei gewiß nicht gutheißen, aber er konnte auch nicht übersehen, wie das offenbar von vielen gewußte Geheimnis die Versammlung lähmte.

Darum begann er seinen Vortrag folgendermaßen: Er habe eben mit Schrecken vernehmen müssen, es befinde sich ein Verräter im Saal. Der Betreffende möge doch bitte seine Hand heben. Ein Moment peinlicher Stille. Keine

Hand rührte sich. Doch, da hob einer seine Hand hoch, Barth selber, und rief: »*Ich* bin's! Ich bin in meiner Weise auch ein Verräter!«

Da ging mit der Versammlung eine Veränderung vor sich. Die peinliche Stille machte einem geheimen Lächeln Platz, und die Lähmung wich einer unbefangenen Aufmerksamkeit.

Zweitausend Säue

Ich berühre einen heiklen Punkt, an dem viele Karl Barth damals nicht verstehen konnten. Damals – das waren die Tage während des Ungarnaufstands 1956. Während in dieser Zeit Unzählige im Westen massenhaft Proteste gegen die Unterdrückung des Aufstands verlauten ließen, mischte er sich nicht in diesen Chor. Er schwieg – und schwieg auch, als man ihn drängte, mitzuprotestieren. Er sagte, es redeten schon genug, es brauche nicht auch noch seine Stimme. Oder er sagte: Die Proteste würden nicht auch nur einem Unterdrückten dort helfen. Weil er schwieg, konnte er deshalb später tatsächlich einigen aus ihrer Haft helfen. Aber das nur nebenbei.

In diesen lärmerfüllten Tagen hörte er im Basler Münster die Predigt eines guten Freundes. Der Text war die Erzählung, wie Jesus die bösen Geister aus dem Besessenen vertrieb und sie dafür in eine Herde von zweitausend Säuen fahren ließ, die sich daraufhin ins Meer stürzten und ertranken.

Der Prediger legte den Text auf die aktuelle Situation des ungarischen Aufstands hin aus und sprach davon, wie sich die Menschen dort nun auch gegen so einen Besessenen auflehnten, wie aber Gott mächtig sei, den bösen Geist heute aufs neue auszutreiben.

Nach der Predigt teilte Barth dem Freund mit: »Nichts gegen deine Auslegung. Nur, wo ist der Predigt zweiter

Teil geblieben? Du hast die zweitausend Säue in dem Text vergessen – und vielleicht sind sie sogar vor dir unter der Kanzel gesessen.«

Und er unterbreitete dem Prediger eine Skizze, was da noch zu sagen gewesen wäre. Nämlich zum einen »von der Zufriedenheit, in welcher die zweitausend Säue an ihrem Ort weideten und dem bösen Treiben des Besessenen von ferne zusahen.« Und sodann, »wie unserm Herrn an dem Besessenen mehr gelegen war als an zweitausend Säuen und er die Dämonen infolgedessen aus jenem in diese fahren ließ.«

Was war der merkwürdige Vorschlag anderes als ein nachdrücklicher Hinweis, daß es nicht Aufgabe einer rechten Predigt sein darf, anwesende Menschen in ihrem selbstgerechten Hochgefühl und in ihrer verächtlichen Verurteilung Abwesender zu bekräftigen?

Atheisten

Gelegentlich sagte Karl Barth, es gebe zwei Arten von Gottlosigkeit, die gedankliche und die praktische. Er hielt die letztere für die schlimmere.

Die gedankliche Gottlosigkeit leugnet Gott. Die praktische Gottlosigkeit aber bestreitet keineswegs sein Dasein; in ihr bejaht man vielleicht gar die sämtlichen Artikel des christlichen Glaubensbekenntnisses. Nur daß man gleichwohl »praktisch« nicht davon und danach *lebt*!

Diesen Gedanken verwendete Barth des öfteren in einem weiteren Zusammenhang – er erinnerte die Christen an das Jesuswort, daß man bei der Klage über den Splitter im Auge des Nächsten immer leicht den Balken im eigenen Auge übersieht. Oder anders: Der Schaden, den man anderen zum Vorwurf macht, haftet häufig irgendwie einem selber an. Und während man den anderen etwa als Atheisten ansieht, meidet, behandelt, geschieht es oft, daß man die viel schlimmere praktische Gottlosigkeit, in der man selber steckt, verkennt und verdrängt.

Zur »Mission« an diesem anderen gehört also wesentlich das offene Auge für die eigenen Fehler. Mission ohne Buße ist Hochmut.

In diesem Sinne ließ Barth einmal sogar in den feierlichen Hallen des Vatikans eine nachdenkliche Bemerkung fallen. Als er nämlich 80jährig die päpstliche Zentrale in Rom besuchte, wurde er auch in eine Abteilung zur Bestreitung des modernen Atheismus geführt, wo ihm die Arbeit dieses Instituts erläutert wurde. Zuletzt bat er, einen Vorschlag zur gedeihlichen Arbeit der dort Angestellten unterbreiten zu dürfen. Sie möchten doch bitte über der Tür zu ihrer Abteilung die Inschrift anbringen: »Wir sind selber auch Atheisten!«

Ein Einwand

Beachtenswert für einen freundlichen Umgang miteinander ist ein Satz, den Karl Barth einmal so aussprach: »Zu aufrichtiger Freundschaft gehört auch das, daß man dem anderen auch widersprechen kann und daß man ihm dann aufs bestimmteste widerspricht, wenn man sieht, daß er es um seiner selbst willen nötig hat.«

Wie manche Freundschaft ist daran gestorben, daß man aus Angst, die Freundschaft könne daran sterben, sich nötige Kritik nicht zu sagen traute! Kritik trifft einen natürlich allemal. Es braucht darum wohl auch eben *Freundschaft*, um Kritik recht ertragen und annehmen zu können.

Barth *konnte* um »aufrichtiger Freundschaft« willen Freunden widersprechen. Und während ich das sage, steht mir beispielsweise eine Tagung vor Augen, bei der sich der schon alte Lehrer mit einem größeren Kreis seiner jüngeren Schüler traf.

Einen Abend lang hörte er sich die Diskussion an. Sein

Gesicht verriet zunehmend Mißvergnügen über die Art, in der sie verlief. Mißvergnügen über die Art, wie hier die Bibel benutzt und auch wieder nicht benutzt wurde, wie bestimmte Probleme der Gegenwart allzu großes Gewicht bekamen und andere, beachtliche Gesichtspunkte keine Wichtigkeit hatten …

Barth schwieg, schwieg immer demonstrativer. Bis er sich endlich zu Wort meldete und den einen lapidaren Satz sagte: »Es ist mir bei der ganzen Diskussion aufgefallen, daß nicht auch nur einmal der Heilige Geist genannt wurde – geschweige, daß um ihn gebetet worden wäre – geschweige, daß er anwesend gewesen wäre.«

Das traf. Aber »zu aufrichtiger Freundschaft gehört auch das«, daß man solch einen Einwand sagen und *sich* sagen lassen kann. Für Barth war das freilich nicht nur *ein*, sondern *der* Einwand. Denn seines Erachtens kann man nicht den geringsten theologischen Gedanken recht denken, ohne daß er sich förmlich ausstreckt und ruft nach dem Heiligen Geist, nach der wirksamen, erhellenden Gegenwart Gottes selber.

Seelsorge

Väter und Söhne

Dreiunddreißigjährig hat Karl Barth einmal ein schönes, lebenskluges Wort niedergeschrieben – und zwar über das Verhältnis zwischen dem großen Johann Christoph Blumhardt, dem Vater, und dessen Sohn Christoph: »Das Originelle des jungen Blumhardt«, schrieb er, »liegt darin, daß er gerade nicht originell sein wollte und mußte, wie es sonst die Art der Söhne gegenüber den Vätern zu sein pflegt.« Und er fügte hinzu, daß der Sohn gerade darum frei gewesen sei, dasselbe, was den Vater bewegte, zu seiner Zeit auch anders zu sagen und zu tun.

Barth selber hatte freilich einst nicht ein so reifes Verhältnis zu seinem Vater, dem Theologieprofessor Fritz Barth. *Er* war als junger Theologe vielmehr in einem flammenden Aufstand gegen seinen Vater begriffen. *Er* wollte »origineller« sein als der Vater. *Er* wollte alles anders und, natürlich, wie er meinte, alles besser machen als der Vater.

Als angehender Pfarrer hielt er denn auch ziemlich wilde, höchst liberale, fast freigeistige Predigten. In ihnen schien ihm nicht sowohl die Heilige Schrift als das Werk Schillers und Goethes das maßgebliche Textbuch zu sein. Und wie um ihn noch zu reizen, sandte der Sohn pünktlich jede seiner Predigten seinem Vater zur Lektüre. Der Vater las sie treulich, äußerte dies und das dazu, aber er widersprach dem Sohne nicht.

Als empörte Verwandte nach einem väterlichen Machtwort gegenüber dem ungebärdigen Sohn riefen, wehrte der Vater das aufs bestimmteste ab: Man solle den Sohn nur machen lassen; es werde schon noch recht kommen.

Und der Sohn *hat* schließlich den Weg zur Bibel gefunden, aber auf *eigenen* Füßen. Und *da* hat er es dem Vater gedankt, daß er ihm dazu verholfen habe – und zwar ebendamit, daß er ihn auf eigenen Füßen gehen ließ.

Noch später zog der Sohn daraus die Lehre: »Eines der besten Mittel gegen die liberale und sonstwie üble Theologie besteht darin, sie eimerweise zu sich zu nehmen. Wogegen alle Versuche, sie dem Menschen künstlich oder zwangsweise vorzuenthalten, ihn nur veranlassen können, ihr in einer Art Verfolgungswahn erst recht zu verfallen.«

»Wie steht es mit deinem Herzen?«

Zuweilen pflegt eine Vernunftfeindlichkeit manche Menschen und oft besonders auch Christen zu ergreifen. Karl Barth fand das nicht gut. Auf die Frage, was die Vernunft für seine Theologie bedeute, gab er einmal kurz zur Antwort: »Ich *brauche* sie!« Gibt denn Gott uns nicht auch zu *denken*?

Aber dann sah er in seiner Bonner Zeit, daß seinen Studenten in ihren überfließenden Diskussionen der Umgang mit der Wahrheit Gottes zu einem intelligenten, aber bloßen Gedankenspiel zu werden drohe.

Das erfüllte ihn mit Sorge. Denn wollte er die Vernunft auch »brauchen«, so war ihm doch klar: Die Wahrheit Gottes ist die eines Geheimnisses. Sie steht uns nicht zu Gebote. Sie öffnet sich uns nur von innen heraus. Und wir vernehmen sie dann nur in eigener Betroffenheit.

Darum konnte Barth nicht umhin, seine eifernden Studenten zu mahnen. Es sei ein Irrtum, sagte er ihnen, zu meinen, »als redeten wir darum *von* ihnen« – nämlich von Gott, seinem Wort, seinem Geist –, »weil wir relativ so hemmungslos *über* sie zu reden wissen.«

Und an einem seiner Offenen Abende erklärte er seinen Studenten: Er sei geneigt, jeden einzelnen von ihnen neben sich zu setzen, wie es einst Tholuck auf seinem berühmten Sofa tat, und wie dieser ihn zu fragen: »Lieber Bruder, wie steht es mit deinem *Herzen*?«

Helmut Gollwitzer, einer dieser damaligen Studenten, schrieb darüber: »Wir waren, wie ich gestehen muß, zu hochmütig, um das bußfertig anzuhören, sondern mißbilligten, daß ein Mann, der uns vom Pietismus befreit habe, uns so pietistisch käme.« Gleichwohl sei diese Ermahnung, sagte Gollwitzer, als lange wirkender Stachel hängengeblieben.

Barth wenigstens eröffnete seither seine Vorlesungen jedesmal mit einer Andacht, in der er die Tageslosung der Brüdergemeinde las und mit den Studenten einen Choral anstimmte.

Patient sein

Jemand hat gesagt, daß Karl Barth für den ganzen Bereich von Krankheit und Hinfälligkeit immer nur einen »kurzen, schrägen Blick« übrig hatte. Und es ist wahr, er sagte selbst einmal: »Ihm gegenüber zu kapitulieren kann niemals Gehorsam gegen Gott sein. Ein Tröpflein Entschlossenheit im Widerstand gegen jenes Reich ist besser als ein ganzer Ozean von angeblich christlicher Demut.«

Er meinte, daß man auch in der Krankheit nicht krank sein, sondern nur leben und gesund sein wollen darf. Doch meinte er damit nicht, daß man sich über eine Krankheit einfach hinwegsetzen solle und dürfe, als wäre man nicht krank.

Als einmal einer seiner Schüler schwer an Tuberkulose erkrankte, da wollte dieser es nicht recht einsehen und annehmen, daß er jetzt nicht mehr gesund sei. Er umgab sich vielmehr mit einem Berg von Büchern und arbeitete mit ihnen eifrig weiter, fast wie in gesunden Tagen. Davon wurde er freilich auch nicht gesünder.

Kaum hatte Barth das gehört, schrieb er dem Studenten eine Postkarte. Darin stand kein Lob für den unverdrossenen Lerneifer, sondern nur der Satz: »Ihr Beruf ist jetzt, Patient zu sein.«

Rückblickend schrieb dieser Student von einst: »Das Wort hat nicht nur mir zur Geduld verholfen, die man in einem Tbc-Sanatorium braucht, und zu der Gelassenheit, zu der man sich nicht willensmäßig entschließen kann, die man nur empfangen kann und die doch oft die Voraussetzung zur Genesung ist, sondern es ist später im Pfarramt oft genug ungeduldigen Kranken von mir weitergesagt worden.«

Zuhören

Ich entsinne mich noch einer auffallenden Formulierung, deren sich Karl Barth in einer Seminarübung bediente. Er sagte: »Ein Christ muß nicht nur Ohren *haben*, er muß geradezu Ohr *sein*.« Das war zunächst auf das Verhältnis des Christen zum Wort Gottes gemünzt, aber dann auch auf sein Verhältnis zum Mitmenschen.

Soviel Barth auch selbst geredet und geschrieben hat in seinem Leben, er war ein großer, gesegneter Zuhörer. Vielleicht lag sogar das Geheimnis seines Redens darin, daß er auch und wohl zuerst ein solcher Hörer war.

Zuhören war namentlich das entscheidende in seiner Seelsorge. Jemand, der ihn gut kannte, hat es so umschrieben: »Keine seelsorgerlichen Ergüsse. Der andere mag sich ergießen.«

Einer, der mit Leib und Seele im Kirchendienst wirkt, hat mir erzählt, wie er einst als Student eine Krise durchmachte. Er wollte überhaupt mit der Theologie Schluß machen. Zuvor suchte er noch einmal Karl Barth auf, in der Hoffnung, daß er ihm vielleicht einen Rat gebe.

Der Lehrer begrüßte ihn freundlich, wies ihm einen

Karl Barth im März 1956 in Barmen während des Mozart-Vortrags
auf der Tagung der »Gesellschaft für evangelische Theologie«
(Aufnahme von Georg Eichholz).

Platz an, setzte sich gegenüber, entzündete seine Pfeife und sagte: »Nun erzählen Sie mir, was Sie herführt, und ich höre zu.« Und er hörte.

Der Student fing an auszubreiten, was ihn beschwerte und wie er keine Lust mehr habe, weiterzumachen. Allmählich dachte der Student dann aber, er habe genug geredet und es sei nun Zeit für den Lehrer, ihn mit Ratschlägen zu bedenken.

Der aber rauchte und sagte ermunternd: »Weiter, ich höre.« Nun gut, der Student fuhr fort: Gewiß, so sicher sei er sich wegen seines Aussteigens doch noch nicht ganz ... Er begann nachdenklich Für und Wider abzuwägen.

Und Barth rauchte und sagte: »Reden Sie nur weiter, ich höre.« Dem Studenten wurde es seltsam zumute, daß der Professor so gar nicht eingriff und daß er selber einfach immer weiter das einmal ergriffene Wort behalten müsse. Er erwog jetzt, daß es sich bei ihm vielleicht doch nur um eine vorübergehende Krise handle. Wenn er sich die Sache recht überlege und bei Licht besehe und wenn man wirklich davon ausgehen dürfe, daß Gott lebt, dann ...

Und Barth sagte noch ein paarmal: »Weiter!«; und der Student redete weiter, bis er ausgeredet hatte. Am Ende war er sich klargeworden: »Nein, ich glaube, es ist besser, ich *bleibe* dabei!« Und er bedankte sich herzlich bei seinem Lehrer, wie sehr der ihm jetzt doch geholfen habe ...

Wie gesagt, er wurde Pfarrer, und zwar einer, der seinen Beruf gern ausübt.

Fröhlich vergessen

Als Barth im Alter leicht pflegebedürftig geworden war, kam täglich eine verwitwete Frau zu ihm, die an ihm die nötige Pflege versah. Unter ihrem Hantieren liebte sie ihm viel mitzuteilen, von diesem und jenem, und er hörte ihr nicht ungern zu.

Eine Zeitlang erzählte sie ihm während Wochen Tag für Tag die gleiche Geschichte – nämlich wie ihr nach ihrer Meinung durch einen Richterspruch ein Unrecht zugefügt worden sei.

Er hörte sich die Geschichte immer wieder an. Doch eines Tages sagte er ihr: »Ihre Geschichte bewegt mich mit. Aber können wir nicht folgende Abmachung treffen? Sie erzählen mir diese Geschichte jetzt nochmals an drei Morgen. Und bitte, erzählen Sie alles haargenau, und lassen Sie keine Einzelheit aus! Und dann ... – hier«, und er übergab ihr einen großen Geldschein: »Nehmen Sie den und bestreiten damit zusammen mit Ihrem Sohn eine wunderschöne Reise. Aber dann, wenn Sie zurückkommen, dann rühren Sie die ganze Geschichte auch nur in Gedanken nicht mehr an! Denn man darf so ein Unrecht auch einmal fröhlich vergessen.«

Und genauso geschah es auch.

Christenleben

Ich bin ich

Die baltische Baronin Magdalene von Tiling war eine kenntnisreiche Theologin und geistig aufs engste mit dem Theologen Friedrich Gogarten verbunden.

Im Februar 1930 war sie zu Gast in Karl Barths Seminar in Münster. Das war zu der Zeit, als er sich von seinem bisherigen Weggenossen Gogarten zu trennen begann. Denn er hatte den Eindruck, daß Gogarten sich mehr für die moderne Welt als den Hintergrund des Evangeliums interessiere als für das Evangelium selbst. Der Spalt zwischen ihnen machte sich nun auch in der Diskussion mit Frau von Tiling bemerkbar.

Aber wo ihre Wege auseinandergingen, brach diesmal an einem überraschenden Punkt hervor. Während der Debatte sagte sie zu ihm: »Herr Professor, wer sind Sie denn überhaupt? Sie sind Ehemann, Sie sind Sohn, Vater, Professor, Schweizer …« und dergleichen weitere Ämter und Funktionen, die da in Betracht kamen.

Da entgegnete der Angeredete: »Ja also, ich bin – *ich*! Das ist doch auch etwas … Ich lasse mich nicht so in Beziehungen auflösen.«

Man muß dazu wissen, daß Barth hier, scheinbar naiv, eine ihm teure Erkenntnis geltend machte: Wie Gott *selbst* in Christus die Welt geliebt hat, so ist nun der Mensch *selbst* der von Gott Geliebte. Und so, wie es den Christen um Gott *selbst* gehen muß, muß es ihnen im Grunde um den Menschen *selbst* gehen.

Im Alter sagte Barth noch Näheres dazu. Die Menschen seien wie in Kleider vermummt, hinter denen sie sich ver-

Karl Barth im Jahr 1957 (Basel).

steckten oder die sie auch erdrücken könnten oder die manchmal auch recht löchrig seien. Diese »Kleider« seien eben die Ämter und Funktionen, in denen die Menschen stünden. Aber Christen – so betonte nun Barth – »glauben nicht daran, daß Kleider Leute machen«. Sie sehen die Menschen nicht zuerst an als Brave oder Böse, als Angehörige dieser oder jener Partei, Rasse und Klasse, als Anhänger dieser oder jener Anschauung und Weltanschauung. Es geht ihnen, wie sie auch gekleidet seien, immer zuerst und vor allem um den *Menschen* selber. Denn noch einmal: »Der Mensch selbst ist der von Gott Geliebte.«

Verzeih mir!

Barth ist zuweilen als »Pazifist« beschimpft worden. Zugegeben, er hatte eine Neigung in diese Richtung. Aber als der Zweite Weltkrieg ausgebrochen war, hielt er es für geboten, »Hitler« nun nicht mehr nur mit Worten, sondern auch mit der Waffe zu widerstehen. Als 54jähriger meldete er sich noch zur Schweizer Armee. Damit wollte er ein Zeichen setzen.

Dadurch kam er nun auch mit Mitmenschen in Kontakt, die zu einem guten Teil kaum eine nähere Beziehung zur Kirche hatten. Ihn wunderte, daß manche nicht einmal das Wort »Jerusalem« gehört zu haben schienen.

Nun sollte er seinen Kameraden einmal eine Predigt halten. Während langer Wachestunden überlegte er im stillen hin und her, was ihnen wohl zu sagen sei. Als er dann endlich, wegen seines Wachdienstes verspätet, als letzter zum Essen kam, fand er im großen Suppentopf erfreut noch zwei der beliebten großen Fleischstücke vor, im Soldatenmund sogenannte »Spatzen«.

Kaum hatte er sie beide heißhungrig verschlungen, da meldete sich noch ein weiterer verspäteter Soldat zum Essen. Vergeblich suchte dieser nun in der Suppe nach seinem Fleisch, um dann entrüstet zu rufen: »Weler Chaib (Trottel) het mir min Spatz gfrässe?«

Er mußte wohl oder übel seine Suppe ohne »Spatz« löffeln, während Kamerad Barth betreten und verschämt schwieg. Aber der Mundraub ließ ihm keine Ruhe, und er sagte sich: »Ich kann doch nicht den Kameraden predigen – und habe einen von ihnen um seinen ›Spatz‹ betrogen!«

Als abends die Lichter für die Nachtruhe gelöscht waren, kroch er daher durchs Stroh zu dem betreffenden Mitsoldaten und gestand ihm: »Hör, *ich* war der Chaib von heute mittag …! Hier, nimm als kleine Entschädigung diese große Schokolade. Und verzeih mir! Denn weißt du, ich kann am Sonntag nicht predigen, wenn wir nicht die Sache bereinigt haben.«

Christlicher Hochmut

Eine meiner Aufgaben bei Karl Barth bestand darin, ihm bei der Erledigung seiner vielen Post zu helfen. Er bestimmte jeweils, welche Briefe von ihm selbst zu beantworten seien und bei welchen auch eine Antwort aus meiner Feder genügen würde. Im letzteren Fall schrieb er gern eine kurze Bemerkung auf den eingetroffenen Brief, in welchem Sinn etwa einiges zu schreiben wäre.

Oft wunderte ich mich wohl, wie er bei der Erledigung seiner Post im einzelnen verfuhr. Da schrieb eine berühmte, fürstliche Persönlichkeit auf hochedlem Papier und unter einem imposanten Wappen eine Einladung: Er möge sich mit anderen Auserlesenen an der Gründung einer europäischen Geistesgesellschaft beteiligen. Doch brachte er auf diesem Brief nur einen langen Pfeil an, der auf jenes Wappen wies, und notierte dazu: »Trotzdem ablegen!«

Zur selben Zeit traf der Brief eines ihm unbekannten, einfachen Familienvaters ein, der ihn im Leid um seine

Frau um ein Wort der Hoffnung bat. Da ließ Barth alles übrige liegen, um sogleich selber den Brief ausgiebig zu erwidern. »Das hat jetzt Vorrang vor allem anderen ...«

Eines Tages kam für mich eine neue Überraschung, als er mir einen Brief zur Beantwortung mit dem Vermerk hinlegte: »Schreiben Sie diesem törichten Mitmenschen einige in echt christlichem Hochmut abzufassende Worte!«

Die Formulierung war mir erstaunlich neu. Von christlicher Demut meinte ich schon genug gehört zu haben. Aber »christlicher Hochmut«? Da mußte ich erst einmal näher nachfragen.

»Aber begreifen Sie doch«, bekam ich zu hören, »von christlicher Demut weiß der nichts Rechtes, der nicht auch etwas von echt christlichem Hochmut weiß. Es gibt auch eine tief unchristliche Demut – nämlich wenn die Demut zu einer elenden Kriecherei wird da, wo ich vielmehr aufrecht *stehen*, um der Sache willen stehen muß!«

Nicht hinterdreinschimpfen

Das war ein richtiger Schlag. Im Alter führte Karl Barth ein Gespräch mit jungen Pfarrern. Da erhob sich einer von ihnen und forderte den Abbruch des Gesprächs mit den Worten: »Sie haben Geschichte gemacht, und nun sind Sie zur Geschichte geworden. Wir aber sind im Aufbruch zu neuen Ufern.«

Barth bemerkte dazu ruhig, was zu sagen war: Er lebe schließlich noch; solange man zusammen lebe, müsse man auch zusammen reden; und die Erklärung, man sei eine neue Generation, sei noch nicht gerade ein geistvolles Programm.

Aber als ich ihn nachher traf, spürte ich, daß der »Schlag« ihn mehr verwundet hatte, als er es zunächst gezeigt hatte. Er sagte: »Der junge Mann hat ja mehr recht, als er in seiner Torheit weiß. Jawohl, ›das Gras verdorrt, die Blume verwelkt …‹.« Und dann nach einem Moment Schweigen: »*Aber* …, aber das Wort des Herrn *bleibt*.«

Dieses »aber« gab ihm allmählich wieder etwas Fassung. Wenn auf alle Fälle das Wort des Herrn bleibt, sollte er dann nicht eigentlich in ruhiger Geduld dem eigenen Gehen und dem Kommen der anderen seinen Lauf lassen können?

Barth probierte es – und fragte dann eine Weile später seinen langjährigen und nun auch alt gewordenen Freund Eduard Thurneysen: »Du, Eduard, verstehst du noch die heutige Jugend?« »Offengestanden, nein!« »Gut, dann wollen wir ihr aber auch nicht hinterdreinschimpfen!«

Nicht hinterdreinschimpfen! Aber was dann? In diesen Tagen notierte sich Barth, noch immer bewegt von diesem Problem: »Du sollst dir klarmachen, daß die jüngeren Menschen … ihre eigenen Erfahrungen zu machen und nach ihrer eigenen – nicht deiner – Façon selig zu sein und zu werden das Recht haben.« Und: »Du sollst sie, indem du sie freigibst, in heiterer Gelassenheit begleiten, im Vertrauen auf Gott auch ihnen das Beste zutrauen, sie unter allen Umständen lieb behalten und für sie beten.«

So gab er sie frei. Und als in seiner letzten Zeit ein indonesischer Student ihn in einer Diskussion fragte, was ein Christ heute besonders zu betonen habe, antwortete Barth freundlich: »Das müssen Sie nicht einen alten Professor fragen. Sie haben Ihre eigene Bibel. Lesen Sie sie!«

Das vergessene Gebet

Barth erzählte, er sei einst nicht unbedingt ein frommes Kind gewesen. Dazu war er auch zu eifrig mit kriegerischen Spielen und entsprechenden Büchern befaßt.

Doch hatte er damals die Gewohnheit, auf seinem langen Schulweg zu beten. Und während er in Bern, dem Ort seiner Jugendzeit, am Bärengraben vorbeiging, über die

Aarebrücke und die Gerechtigkeitsgasse hinauf und während seine Augen den Verkehr und die Menschen munter beobachteten, hat er heimlich in Gedanken das, was er sah und was ihn sonst bewegte, in Gebete gefaßt.

Einmal hat er dieses tägliche Gebet vergessen. Das kam so: Er hatte zu Hause seine Aufgaben nicht gemacht; unter anderem hatte er auch den aufgegebenen Bibelspruch nicht auswendig gelernt: »Des Menschen Herz ist böse von Jugend auf ...« Und damit nicht genug – er hatte versäumt, sich rechtzeitig auf den Weg zu machen.

Und so vergaß er nicht nur das Gebet. Er kam verspätet in die Schule. Und dann wußte er prompt auch den Vers nicht aufzusagen. Schlagartig, so erzählte er noch im Alter, sei ihm da in seinem kindlichen Gemüt aufgegangen, daß das alles in sich zusammenhing: das Verbummeln der Aufgaben, die Verspätung und das Versagen in der Schule und – das Vergessen des Gebets. Und das Niederschmetterndste seiner jugendlichen Erkenntnis: Der Spruch hat *recht,* des Menschen Herz *ist* böse von Jugend auf.

Ich fragte, ob das nicht allzu kindlich gedacht sei, um es noch als alter Mann ernst zu nehmen?

Er sagte: »›Kindlich gedacht‹ hin und her, aber Beten und Arbeiten, Arbeiten und Beten gehören zusammen. Sonst kommt es nicht gut.«

Tischgebet

Es gibt unter Christen die Gewohnheit, zu den Mahlzeiten ein Tischgebet zu sprechen. Gewohnheit? Johann Albrecht Bengel hat einst gesagt: »Wo etwas zur Mode wird, macht Gott nicht mehr mit.« Aber dazu wäre immerhin zu bemerken, daß es auch gesegnete Gewohnheiten gibt. Heißt es nicht von Jesus selbst, im Blick auf eine andere Sitte: Er ging am Sabbat in die Synagoge »nach seiner Gewohnheit«?

Aber es ist richtig, daß auch gute Gewohnheiten zu einem gedankenlosen Ritual werden können. Dann betet man wohl nach seiner Gewohnheit eben etwa zu den Mahlzeiten. Es wäre dabei nur daran zu erinnern: »Du sollst den Namen des Herrn, deines Gottes, nicht mißbrauchen.«

Diese Begründung stand dahinter, als Karl Barth eines Tages seiner Familie erklärte, er möchte hinfort auf ein Tischgebet verzichten.

Einmal war ein Mann der Kirche bei der Familie Barth zu Gast. Da sprach der Hausvater nun doch wieder ein Tischgebet. Sofort ließ sich der Jüngste an der Tafel vernehmen: »Und warum wird sonst *nicht* gebetet?« Der Vater fühlte sich zu Recht bloßgestellt.

Aber das »warum?« ging tiefer. Er mußte sich sagen, daß auch ein arger Mißbrauch einer Sache ihren rechten Gebrauch nicht aufhebe. So führte er das regelmäßige Tischgebet wieder ein.

Als ich zum erstenmal mit an seinem Tisch saß, sprach er freilich ein Tischgebet, wie ich es bis dahin noch nicht gehört hatte. Und ich habe dann viele Male aus seinem Mund immer wieder gerade dieses Gebet gehört. Es stammte aus dem ihm auch sonst lieben Jakobusbrief, der ihm im Unterschied zu Luther durchaus keine »strohherne Epistel« war. Es lautete, in Gebetsform gewandelt, so:

»Alle gute, alle vollkommene Gabe kommt von oben herab, von dir, du Vater des Lichts, bei welchem ist keine Veränderung noch Wechsel des Lichts und der Finsternis. Amen.«

Licht, das Licht Gottes, des Vaters – auch über dem einfachen menschlichen Essen und Trinken!

Trost in der Bedrängnis

Sie sind hohl

Am 30. Oktober 1933 hielt Karl Barth zum erstenmal seit Anbruch der nationalsozialistischen Herrschaft einen Vortrag in der damaligen Hauptstadt des Reichs. Er empfand eine tiefe Verantwortung, gerade diese Gelegenheit zu einem Wort evangelischer Orientierung in der Wirrnis dieser Tage ganz ernst nehmen zu müssen.

Wer ihn allerdings auf seiner Fahrt in der Berliner U-Bahn zum Vortragsort gehört hat, konnte in ihm kaum den Redner von nachher vermuten. Er unterhielt sich in heiterer Ruhe mit seinem jüngeren Freund Heinrich Vogel über die Musik seines verehrten Wolfgang Amadeus Mozart.

Aber dann der Vortrag! Er war ein leidenschaftlicher Ruf zu einer nötig gewordenen Entscheidung. Was Jesus sagte: »Ihr könnt nicht Gott und dem Mammon dienen«, das habe die Reformation neu begriffen. Und genau das habe die neuere Kirche vergessen. Sie sage vielmehr in ihrer Lehre und Praxis: Ihr könnt *beides*, »Gott *und* dem Mammon dienen« – oder wie es in gegenwärtiger Formulierung heiße: Gott *und* dem Volkstum. »Und wenn man (nur) einer gegen Hunderte wäre« – gegen eine solche Kirche gebe es nur eins: Widerstand!

Das eine Wort »Widerstand!« wirkte wie eine Bombe, so daß der Redner für Minuten nicht weiterreden konnte. Als er wieder zu Wort kam, verdeutlichte und verschärfte er das Gesagte mit einem eindrucksvollen Bild. Er erinnerte an die alten Eidgenossen, als sie bei Sempach der gepanzerten Übermacht Leopolds von Österreich entgegentraten. Da habe einer gerufen: »Schlagt auf ihre Speere, sie sind hohl!«

Barth wiederholte die letzten drei Worte: »Sie *sind* hohl«. Damit zielte er jetzt auf die Gegenwart und sagte: Eine faule und verkehrte Sache wird, auch wenn sie noch so imposant auftritt, niemals standhalten.

War das ein verzweifeltes Sichmutmachen durch wirklichkeitsblinde Überspanntheit? Es könnte vielmehr auch ein sehr realistisches Ernstmachen mit der österlichen Gewißheit gewesen sein: Der auferstandene Herr lebt, regiert und siegt!

In dieser Gewißheit ist es in der Tat das realistischste, was man tun kann, wenn man gegen die Speere einer konkreten Anfechtung und Bedrohung die entlarvende Wahrheit ausspricht: Sie sind hohl! »Ein Wörtlein kann sie fällen.«

Es kann mir nichts geschehen

Es war in der ersten Zeit des Kirchenkampfs, als die Wellen in der Deutschen Evangelischen Kirche hochgingen über der Frage, wie sich die Christen zum Hitlerregime stellen sollten: zustimmend, gleichgültig oder gar ablehnend. Was die Bedrängnis vermehrte, war, daß der Staat schon damals, direkt oder indirekt, plump oder auch raffiniert, in die Kirche eingriff und einzelne Widerstrebende disziplinierte.

Karl Barth war durch sein bestimmtes Nein zu einer christlichen Anpassung an die nationalsozialistische Weltanschauung bald eine besonders umstrittene und bestrittene Person. Und er wurde dadurch in eine Riesenfülle von Aufgaben, Fragen, Sorgen und Anfechtungen verwickelt.

Eines Tages war seine enge Mitarbeiterin Charlotte von Kirschbaum am Ende ihrer Nervenkraft, tief beunruhigt, wie die sich aufdrängende Arbeit auch nur zu leisten, wie der erfahrene Widerstand und Widerspruch zu ertragen sei, wie die nötigen großen und kleinen Entscheidungen zu fällen seien und wie in der nächsten Zukunft für einen gesorgt sei …

Da trat Barth zu ihr und sagte: »Jetzt setz dich erst einmal ruhig hin. Und nimm dein Gesangbuch. Und dann lies dir ganz langsam Vers für Vers ein Paul-Fleming-Lied vor. Und denke bei jedem Vers daran, daß damit alles gesagt ist, was wir jetzt brauchen und woran wir uns jetzt zu halten haben!«

Das Lied, das er ihr aufschlug, war dieses:

>»In allen meinen Taten
laß ich den Höchsten raten,
der alles kann und hat;
er muß zu allen Dingen,
soll's anders wohl gelingen,
mir selber geben Rat und Tat …

Es kann mir nichts geschehen,
als was er hat ersehen
und was mir selig ist.
Ich nehm es, wie er's gibet;
was ihm mit mir beliebet,
das will auch ich zu jeder Frist.«

Da ist er eingekehrt

Ich erhielt eines Tages einen Brief von Karl Barth, bei dem ich erst lachte und dann nachdenklich wurde. Ich bin sicher, daß es ihm bei dem, was er mir zuschickte, ähnlich ergangen war.

Um was ging es? Er hatte, wie er es manchmal liebte, etwas aus der Zeitung ausgeschnitten, aufgeklebt und kommentiert.

Der Ausschnitt zeigte das menschliche Innenleben in Gestalt eines Eisberges. Die Spitze, die übers Wasser ragte, war eingeteilt in »Verstand, Gefühl, Willen«. Der größere Teil unter Wasser war mit einer Fülle unguter Eigenschaften beschriftet wie: »Geltungsdrang, Eitelkeit, Verschwendung, Habsucht, Neid, Zorn, Machtgier, Verleumdung, Zweifel, Haß, Unglaube, Mißtrauen, Angst ...«

Barths Kommentar dazu: »Denken Sie, wie namenlos schrecklich es in allen aussieht!« Eben, das war schon lächelnd geschrieben, aber gewiß auch nachdenklich. Er unterschrieb dort übrigens mit einem ehrenvollen Titel, der ihm soeben verliehen worden war. So war der Text auch ein Sich-Bespötteln des Geehrten – in Erinnerung daran, daß es auch in dem jetzt von Menschen Gelobten so »aussieht« wie »in allen«.

Ich sprach ihn kurz danach auf den Brief an, in der Hoffnung auf einen tröstlichen Gedanken im Blick auf dieses »namenlos Schreckliche«. Aber da kam kein Trost, nur die lakonische Feststellung: »Es wird tatsächlich irgendwie schon so *sein*!« Er sagte halt nicht schnell ein frommes Wort zuviel, sondern konnte einen auf Antwort warten lassen, so wie er es selber ja auch tun mußte.

Erst viel später *fand* ich die tröstliche Antwort – in einer Weihnachtspredigt von ihm. Da sagte er: Geboren werden müsse der Heiland kein zweites Mal, aber einkehren möchte er bei uns aufs neue. Und da gehe es wie in der Heiligen Nacht, als er nicht Raum fand in der noblen Herberge, sondern nur in einem wüsten Stall.

Und es hieß dann: »Es gibt eine Tiefe, einen Abgrund« in uns, wo es auch »ziemlich wüst aussieht«, »unheimlich«, wo wir »gar nicht menschenwürdig« sind, sondern »auch ganz in der Nähe der Tiere«. »Und da drunten sind wir nur eben bettelarm dran, nur eben verlorene Sünder, nur eben seufzende Kreaturen.«

»Und *eben da* kehrt Jesus Christus bei uns ein, mehr noch: Da ist er bei uns allen schon eingekehrt.« »Gerade da hält er es ganz fest mit uns allen.« Und uns bleibt nur übrig, »ihn willkommen zu heißen«.

Das *war* die tröstliche Antwort.

Ein Traum

Eines Morgens traf ich Karl Barth niedergeschlagen an. »Aber was ist Ihnen denn zugestoßen?« fragte ich.

Er sagte: »Denken Sie, ich hatte heute nacht einen argen Traum. Mir träumte, daß mich eine Stimme ansprach: ›Willst du einmal die Hölle sehen?‹ Und ich antwortete noch wohlgelaunt: ›Doch, das möchte ich gern einmal sehen; das hat mich schon lang interessiert.‹ Da öffnete sich vor mir ein Fenster, und ich sah hinaus in eine endlose Wüste, deren Anblick Mark und Bein erschütterte; und mittendrin saß steineinsam ein einziger Mensch. Da schloß sich das Fenster, und die Stimme sprach: ›Und das droht *dir*!‹«

Ich sagte etwas leichthin: »Ein Traum ...« Er wehrte dem heftig: »O nein, Träume sind in der Regel ernst zu nehmen.«

Er schwieg eine geraume Weile und fuhr dann zögernd fort: »Und da gibt es noch Leute, die mir vorwerfen, bei mir fehle das Wissen um solche abgründige Bedrohung. Ich weiß nur zu gut davon. Aber was bleibt mir gerade darum anderes übrig, als alles darauf zu setzen: ›Gott schwört bei seinem Leben, daß er dich nicht verläßt‹?«

Ein immer fröhlich Herz

Charlotte von Kirschbaum war die verständnisvoll-intelligente Mitarbeiterin Karl Barths. In noch nicht höherem Alter litt sie an einer unheilbaren Gehirnkrankheit, durch die sie nach und nach ihre geistigen und dann auch ihre einfach menschlichen Fähigkeiten verlor. Sie war »nur noch tief verschleiert, was sie einst gewesen ist«, stellte Barth fest, der sie regelmäßig in ihrem Pflegeheim besuchte.

Damals schrieb er einen erstaunlichen Satz: »Sie ist mir in ihrer ganzen Hinfälligkeit erbaulich.« Man stockt unwillkürlich. Andere hätten geschrieben: Sie ist darin bekümmernd oder bemühend oder mitleiderregend oder gar abstoßend. Aber »erbaulich«? Was kann erbaulich sein, wenn einer hinfällig wird?

Natürlich freute sich Barth nicht an der Hinfälligkeit. Aber was ihn erbaute, war offenbar, daß er da mittendrin noch ein freundliches Licht zu sehen glaubte. War es denn *nicht* ein helles Zeichen dieses Lichts, wenn sie ihm einmal beim Abschiednehmen unversehens sagte: »Gelt, wir haben es doch *gut*!«? Und war dieses Licht nicht die Kraft, die Krankheit klaglos anzunehmen?

Ich war bei einem der Besuche dabei. Da hatte sie fast alles vergessen und konnte fast nichts mehr aufnehmen. Wie sollte da eine Unterhaltung vonstatten gehen? Es ging so, daß Barth ihr eine Reihe von Chorälen vorsang. Sie versuchte, etwas mitzusingen, und tat es, indem sie auf seine Lippen schaute, um die ihr unbekannt gewordenen Worte zu erraten.

Zuletzt wurde seine Lieblingsstrophe angestimmt – die, die er auch im November 1934 in seiner letzten Bonner Vorlesung mit seinen Studenten gesungen hatte, bevor er aus Amt und Würden vertrieben wurde. Es ist der Vers:

»Der ewig reiche Gott woll' uns bei unserm Leben
ein immer fröhlich Herz und edlen Frieden geben,
und uns in seiner Gnad erhalten fort und fort
und uns aus aller Not erlösen hier und dort.«

Was für ein Bild und was für ein Klang! – der alte Mann und die hinfällig Gewordene! Aber wer es sah und hörte, dem wurde klar: Der da von ihnen Angerufene, der ewig reiche Gott, er ist doch gewiß das Licht, das noch in solcher Hinfälligkeit scheint. Und wo es scheint, da wird es auch darin noch »erbaulichen« Trost geben.

Kaum war das Lied verklungen, da schlug Barth mit der Hand kräftig auf den Tisch und rief aus: »Das ist aber doch auch wahr und gut!« Und sie sagte daraufhin eines der wenigen Worte, die sie noch kannte – nämlich kurz und bündig: »Ja!«

Bitteres

Im Alter fiel Karl Barth ein Brief seines Vaters aus dem Jahr 1890 in die Hände – damals war er ein vierjähriger Junge. Darin konnte er den Satz lesen: »Karli mußte heute wieder Streiche erleiden.«

Als er das entdeckte, wurde ihm das zu einem Bild für noch andere Schläge, wie sie das Leben austeilt und wie sie auch er »erleiden mußte« – Schläge, wie ihm wohl auch in Zukunft noch weitere zuteil werden könnten. Und er sagte sich im Gedanken daran, diese Schläge seien »eigentlich viel verdienter« als das Gute, das manche von ihm schon gesagt haben.

In ähnliche Richtung weist eine andere Erinnerung aus seiner Kinderzeit. Er entsann sich, wie er damals jeden Morgen ein kleines Glas Lebertran trinken mußte. »Es war schrecklich – aber es hat mir offenbar gutgetan.«

Diese Erinnerung führte er einmal in einer Predigt an. Sie wurde ihm dort zu einem kleinen Gleichnis für die Wahrheit, daß Gott einem im Leben auch Schweres und Schmerzliches verordnen kann.

Wohl sage Gott zu uns ein gnädiges Ja. Aber sein Ja sei ein heiliges Ja, das auch ein Nein in sich schließe – ein Nein nämlich zu allem an und in uns, zu dem er um seinet- und um unsretwillen nur nein sagen könne.

Aber dann kam die Pointe: »Es bleibt doch dabei: Gott

ist der, der auch mit seinem Nein ja zu uns sagt – ein mit keinem Fragezeichen versehenes Ja – ein Ja voll Wille und Kraft, uns zu erretten, uns zu tragen, uns auf die Füße zu stellen, uns frei und froh zu machen.«

In dem Zusammenhang erinnerte Barth an einen oft übersehenen Vers von Paul Gerhardt:

> »Wie ein Vater seinem Kinde
> niemals ganz sein Herz entzeucht,
> ob es gleich bisweilen Sünde
> tut und aus den Schranken weicht,
> also hält auch mein Verbrechen
> mir mein frommer Gott zugut;
> will mein Fehlen mit der Rut'
> und nicht mit dem Schwerte rächen.«

Altwerden

Das Altwerden hat Karl Barth sehr erlitten. Ihn verdroß es, in einem Spiegel sein ergrautes, faltiges Haupt zu sehen; lieber schaute er gar nicht hin. Beschwerden machten ihm mehr und mehr Mühe. Er sei nur noch eine Ruine seiner selbst, spöttelte er ironisch über seinen Zustand. Zuweilen befiel ihn auch Schwermut. Einmal sagte er: »Früher habe ich es schön zu sagen und zu erklären verstanden: ›Es ist doch unser Tun umsonst, selbst in dem besten Leben. Vor dir niemand sich rühmen kann, des muß dich fürchten jedermann und deiner Gnade leben.‹ Aber es ist ein gewaltiger Unterschied, das nur zu *wissen* oder das dann jetzt an der eigenen Haut zu *erfahren*, daß es genauso ist.«

Aber darauf war ich nun doch nicht vorbereitet, als er eines Tages in die Tür trat und halb trotzig, halb erschrokken erklärte: »Ich will nicht sterben!«

Schweigen. Ich war verwirrt und wußte nicht, was ich

dazu sagen sollte. Der »große Theologe« sollte doch selber darauf eine Antwort wissen! Doch bemerkte ich dann: »Aber gibt es nicht vielleicht auch einmal einen Punkt im Leben, wo es einem geht wie Abraham – ›und er starb alt und lebenssatt‹?«

Barth entgegnete: »Das ist nach meiner Lehre ganz und gar falsch, daß man jemals seines Lebens satt werden *darf*. Eines von Gott in seinem Wohlgefallen geschenkten Lebens darf ich doch einfach nicht überdrüssig werden.«

»Aber immerhin war dann doch Abraham einmal lebenssatt?« »Verstehen Sie«, antwortete er, »lebenssatt, das darf man nie *selber* sein. Das kann nur das rückblickende Urteil *anderer* über ein gelebtes Leben sein, daß es nämlich ›satt‹ und voll erfüllt war vom gnädigen Wohlgefallen Gottes ...«

Barth aber setzte sich wieder an seinen Schreibtisch und summte dabei: »Freut euch des Lebens, solange noch ...«

Hoffnung

Warten

Ein Kritiker schrieb einmal an Karl Barth: In seiner Theologie sei eigentlich alles schon fertig und abgeschlossen. Es fehle bei ihm die Hoffnung auf ein Neues, die Hoffnung auf die Erfüllung der noch ausstehenden Verheißungen Gottes.

Ich dachte, an dieser Kritik sei schon etwas Richtiges. Die Frage sei nur, ob man ihm daraus einen Vorwurf machen dürfe. Darauf hat er ja fort und fort den Ton gelegt: »Christ, der Retter, *ist da*!« Und macht man sich nicht *falsche* Hoffnungen, wo wir etwas erhoffen unter Schmälerung dieser Gewißheit?

Aber Barth selbst antwortete mit einer Erinnerung: Einst, als noch jüngerer Bub, habe er einmal dem Palmsonntag richtig entgegengefiebert – in der freudigen Erwartung, daß es an diesem Tage sein möchte, daß der Herr so, wie einst am Palmsonntag in Jerusalem, aufs neue seinen Einzug halte, diesmal wahrhaftig durch die Straßen und Gassen der Stadt Bern. Und als der Tag kam, habe er stundenlang sein Gesicht an das Fenster gedrückt, habe hinausgeschaut und gewartet.

An dem Tag schneite es draußen noch. Und gegen die eindringende Kälte hatte die Mutter ein langes Kissen auf den Fenstersims gelegt. Darauf lehnte sich der kleine Karl, schaute den Flocken draußen zu und schaute unterdes nach dem anderen aus, der nun kommen könnte.

Ich wollte wissen, ob er denn am Abend nicht enttäuscht gewesen sei. Barth erwiderte: Keine Rede davon! Schon auch nur das Warten auf ihn sei selig gewesen. Der

Einzug des Königs auf dem Esel sei zwar nicht eingetreten. Aber das Warten auf ihn sei ihm geblieben. Ohne solches Warten auf ihn selber könne er sowenig wie irgendein anderer ein Christ sein.

Offenbar wollte Barth mit der Erinnerung daran sagen, daß gerade die Gewißheit des Gekommenseins des Retters ein freudiges Warten auf ihn keineswegs ausschließe. Sie treibe vielmehr erst recht da hinein.

Horizonterweiterung

Mit zunehmendem Alter liebte Karl Barth es, sich weniger in Vorträgen als in Gesprächen mit größeren oder kleineren Gruppen zu äußern, wo er direkt auf Fragen oder Einsprüche zu antworten hatte.

Bei einem solchen Gespräch ging es um die Frage von Tod und Auferstehung und ewigem Leben. Da wollte eine Frau von dem Professor wissen: »Können Sie mir ganz klipp und klar sagen: Werde ich einmal im Himmel gewiß auch meine Lieben wiedersehen?« Barth erwiderte darauf spontan: »Machen Sie sich darauf gefaßt, nicht *nur* Ihre Lieben!«

Ich habe oftmals gedacht, daß in dieser Antwort eigentlich ein gut Teil von Barths Art und Denken steckt, sein Kritikgeist und sein Humor, die Strenge und die Weite seines Glaubens und Hoffens.

Die Pointe der Antwort liegt ja darin, daß sie Antwort auf eine so gar nicht gestellte Frage gibt. Oder besser, sie bejaht die Frage, aber bejaht sie, indem sie eine entscheidende Voraussetzung der Frage verneint. So tröstet sie und beunruhigt zugleich. Und sie beunruhigt, um so dann erst recht und wahrhaft zu trösten.

Die Antwort deckt einen versteckten Egoismus auf, der sich gar noch in die Ewigkeit hinein fortsetzen und behaupten will. Und sie öffnet mit einem Schlage die Tür hin zu all denen, die mir nicht »lieb«, die mir gleichgültig oder verhaßt sind. Sie läßt aufblitzen, daß jedenfalls Gottes Herz unendlich größer ist als unser Herz. Sie heißt unbändig hoffen. Aber sie läßt nicht zu, daß die Hoffnung zur Ausflucht wird, die die Gegenwart vernachlässigt. Sondern sie weist einen schon jetzt über die uns vertrauten, uns lieben Kreise hinaus zu den uns Fremden, Fernen, Befeindeten ...

Doch ich muß das ja nicht lang und breit ausführen; es leuchtet mit der knappen Antwort Karl Barths unmittelbar ein.

Ganz oben am Tisch

Ich muß vorausschicken, daß es von der folgenden Geschichte zwei Fassungen gibt. Ich erzähle sie so, wie sie mir aus einem Bericht Karl Barths in Erinnerung ist.

Er war sich mit seinem Freund Heinrich Vogel nicht einig im Verständnis der ewigen Vollendung in Gottes Reich. In einem Gespräch unterhielten sie sich einmal über ihre verschiedene Erkenntnis in dieser Sache.

Der Freund wollte von einer völligen Neuschöpfung reden, während Barth hier anders dachte: Es werde dort herauskommen, daß Gottes Werk in Christus für die Menschen, so wie sie waren, doch nicht vergeblich gewesen sei.

Die Diskussion konnte nicht »akademisch« bleiben. Denn ihnen geriet dabei das Rätsel des Leidens vor Augen, das einer schwer behinderten, hilflosen Tochter Vogels aufgebürdet war.

Und der Vater rief nun aus – als Zusammenfassung und Anwendung seiner Hoffnung: Sie, die Behinderte, werde dort keine Behinderte sein. »Sie wird laufen!«

Barth, von jenem rätselhaften Leid mitbetroffen, griff das Stichwort auf: »Sie wird laufen?« Nein, das töne in seinen Ohren doch zu sehr so, als habe Gott in diesem

Fall einen Fehler gemacht, den er dann dort eingestehen und korrigieren müsse.

So sagte er: »Ist es nicht eine viel schönere und kräftigere Hoffnung, daß dort das offenbar wird, was wir jetzt so gar nicht verstehen – nämlich daß *dieses* Leben nicht vergeblich war, weil Gott nicht umsonst zu ihm gesprochen hat: Gerade dich habe ich geliebt!?«

Und er fügte hinzu: »Sicher, das wird dann schon etwas ändern. In diesem Licht wird *sie* dann gewiß ganz oben sitzen am Tisch, während wir« – er deutete auf sich und den Freund –, »während *wir* dann, wenn wir überhaupt zugelassen werden, ganz unten zu sitzen haben werden.«

Stets sein gewärtig

Meine letzte Begegnung mit Karl Barth kurz vor seinem Tod ist mir um so unvergeßlicher, als sie sich in einer Weise vollzog, bei der keiner ahnte, daß es die letzte Begegnung sein würde.

Wir hatten abends zusammengesessen, und der Abend hatte sich in die Länge gezogen. Es war schließlich weit nach Mitternacht, in der Nacht zum ersten Advent. Karl Barth bat gleichwohl, noch abzuwarten, bis er im Bett liege, um dann noch etwas zu singen.

Ich hatte ihn schon manches Mal singen gehört, zuweilen auch, wenn er allein an seinem Schreibtisch saß, und das regelrecht, mit dem Gesangbuch in der Hand. Und wenn er in einem Gottesdienst war, pflegte man selbst in großer Versammlung seine Stimme herauszuhören. Er sang mit der Kraft eines Löwen.

So sang er auch jetzt, obwohl das Fenster seines Zimmers zur nachtdunklen Straße hin offenstand. Ich warf einen fragenden Blick dorthin. Ob es wohl Beschwerden wegen nächtlicher Ruhestörung geben könnte? Doch er liebte es zu betonen: »Lasset den Lobgesang *hören*!« Sei es denn jetzt auch zu vorgerückter Stunde!

Als ich in sein Schlafzimmer trat, sang er eben eines seiner unvergessenen Kinderlieder von einst:

> »Jetzt schlof i frehlig y,
> es isch hitte luschtig gsi.
> Der lieb Gott het recht a mi denkt,
> und het mir hit vyl Fraide gschenkt ...«

Und dann schlug er zu gemeinsamem Gesang das Adventslied vor: »Nun jauchzet, all ihr Frommen, in dieser Gnadenzeit«, in dem es zuletzt heißt:

> »Er wird nun bald erscheinen
> in seiner Herrlichkeit,
> der all euer Klag und Weinen
> verwandeln wird in Freud.
> Er ist's, der helfen kann.
> Macht eure Lampen fertig,
> und seid stets sein gewärtig,
> er ist schon auf der Bahn.«

So sangen wir. Und er sang so laut wie eh und je. Und das war der Abschied.

Es wird regiert

Als Johann Christoph Blumhardt im Februar 1880 auf dem Sterbebett lag, sprach ihm sein Sohn Christoph Zuversicht und Hoffnung zu. Er tat es mit den Worten: »Es wird gesiegt« – nach anderer Überlieferung lautete der Satz vielleicht auch so: »Es wird regiert.«

Wie der Wortlaut auch immer war, der Satz drückte eine Art Zusammenfassung der großen Erkenntnis aus, die Va-

Karl Barth im Jahr 1968, seinem Todesjahr,
photographiert von Georg Eichholz.

ter Blumhardt in seinem Leben als machtvolle Wahrheit aufgegangen war und deren Losung lautete: »Jesus ist Sieger!«

Für Karl Barth war Vater Blumhardt mit dieser Losung einst einer der entscheidenden irdischen Helfer gewesen, als sich ihm die Erkenntnis aufdrängte, daß ein gründlicher Neuaufbruch in der Christenheit zu wagen sei. Natürlich kannte und schätzte er auch jenen Hoffnungssatz des Sohnes am letzten Lager seines Vaters.

Es ist nun ein merkwürdiges Zusammentreffen, daß dieser selbe Satz auch der letzte ist, der aus dem Munde Karl Barths bekannt ist.

Am späten Abend vor der Nacht, in der er friedlich im Schlaf verstarb – es war die Nacht auf den 10. Dezember 1968 –, arbeitete er noch an seinem Schreibtisch. Da erhielt er einen Telephonanruf. Es meldete sich Eduard Thurneysen, mit dem ihn eine über sechzigjährige Freundschaft verband.

Sie unterhielten sich über die Weltlage mit ihren beängstigenden Gefahren und Nöten. Barth schloß endlich die Unterhaltung ab und munterte den Freund im Blick auf die besprochene Sorge auf: »Nur ja die Ohren nicht hängenlassen! Denn – ›es wird regiert!‹«

Literatur zum Werk Karl Barths im Neukirchener Verlag

Otto Bächli: Das Alte Testament in der Kirchlichen Dogmatik von Karl Barth. In Vorber., ca. 352 S., Pb ca. DM 58,–

Nico T. Bakker: In der Krisis der Offenbarung. Karl Barths Hermeneutik, dargestellt an seiner Römerbriefauslegung. X, 180 S., Ln DM 21,– fPr.

Peter Eicher/Michael Weinrich: Der gute Widerspruch. Das unbegriffene Zeugnis von Karl Barth. In Vorber., ca. 120 S., ca. DM 19,80

Wolfgang Huber: Folgen christlicher Freiheit. Ethik und Theorie der Kirche im Horizont der Barmer Theologischen Erklärung (Neuk. Beiträge zur Syst. Theol. Bd. 4). 275 S., Pb DM 34,–

Bertold Klappert: Die Auferweckung des Gekreuzigten. Der Ansatz der Christologie Karl Barths im Zusammenhang der Christologie der Gegenwart. 3. Aufl., X, 424 S., Pb DM 19,80

Hans-Joachim Kraus: Theologische Religionskritik (Barth, Bonhoeffer, Die Reformatoren, Feuerbach, Marx, Die neuen Perspektiven) (Neuk. Beiträge zur Syst. Theol. Bd. 2). X, 278 S., Pb DM 35,–

Walter Kreck: Grundentscheidungen in Karl Barths Dogmatik. Zur Diskussion seines Verständnisses von Offenbarung und Erwählung (Neuk. Studienbücher Bd. 11). 320 S., Pb DM 16,– fPr.

Wolf Krötke: Sünde und Nichtiges bei Karl Barth (Neuk. Beiträge zur Syst. Theol. Bd. 3). 2. durchges. u. erw. Aufl., XII, 121 S., Pb DM 22,–

Eberhard Mechels: Analogie bei Erich Przywara und Karl Barth. Das Verhältnis von Offenbarungstheologie und Metaphysik. 272 S., Ln DM 20,– fPr.

Hans Prolingheuer: Der Fall Karl Barth. 1934–1935. Chronographie einer Vertreibung. 2. Aufl., XXIV, 410 S., Pb DM 19,80

Werner M. Ruschke: Entstehung und Ausführung der Diastasentheologie in Karl Barths zweitem »Römerbrief« (Neuk. Beiträge zur Syst. Theol. Bd. 5). In Vorber., ca. 224 S., Pb ca. DM 38,–

Otto Weber: Karl Barths Kirchliche Dogmatik. Ein einführender Bericht zu den Bänden I/1–IV/3,2. Nachtr. zu Band IV/4 von H.-J. Kraus. 10. Aufl., 348 S., Pb DM 34,–

Edna Brocke / Gerhard Bauer

Nicht im Himmel – nicht überm Meer

Jüdisch-christliche Dialoge zur Bibel
206 Seiten, Paperback DM 24,–

Dieser Band enthält eine Reihe von dialogischen Bibelarbeiten, die im Rahmen der Arbeitsgemeinschaft »Juden und Christen« beim Deutschen Evangelischen Kirchentag und bei anderen Anlässen gehalten wurden. In einem ausführlichen Resümee beschreiben die Autoren die Voraussetzungen und Konsequenzen ihres gemeinsamen Lernprozesses. Auch dies geschieht z. T. in dialogischer Form. Dabei werden die unterschiedlichen Ansätze und Methoden jüdischer und christlicher Bibelauslegung deutlich. Besonders wird danach gefragt, wie sich Christen Texte der Hebräischen Bibel zu eigen machen können, ohne sie damit den Juden zu enteignen, und wie Juden Texte des Neuen Testaments – das für sie keine Bibel ist – von ihren Voraussetzungen aus verstehen können.

Neukirchener Verlag

Helmut Ruppel

Träumen – Klagen

Worte zum Tage
189 Seiten, Paperback DM 24,–

Worte zum Tage – die Zeit dieser »Worte« ist überwiegend
der frühe Morgen, wenn das niemals verstummende Summen
und Rauschen der Stadt wieder anhebt, der Stadt, die die
Menschen lieben und die sie beunruhigt; der Stadt mit ihren
Stadt-Teilen, Mauern, Horizonten, kleinen Fluchten, guten
Absichten, seltenen Gebeten – mit ihren Beherzten, Nach-
denklichen, Wütenden, Friedfertigen ...
Die Texte erzählen die unabgegoltenen Geschichten der Bibel
von Panik und Flucht, unbedrohtem Glück und Freisprü-
chen, Schmerz und Frieden, Anstrengung und Aufatmen.
Die Texte erzählen Geschichten der Bibel, die vom Träumen
und Klagen leben, jenem biblischen Hinaussehnen nach mes-
sianischem Leben, das dort gehen will, wo noch kein Weg ist.

Neukirchener Verlag

Rudolf Bohren
Prophetie und Seelsorge
Eduard Thurneysen

Neukirchener

Rudolf Bohren

Prophetie und Seelsorge

Eduard Thurneysen
296 Seiten mit zahlr. Fotos, gebunden DM 39,80

In jahrelangen Studien, Gesprächen und Erkundungen hat
Rudolf Bohren eine große Anfrage an den Lehrer und väterlichen Freund Eduard Thurneysen selbst und an die Gegenwart erarbeitet. So bildet die Frage nach der Bedeutung der
Väter für die Söhne – ein ungelöstes Problem unserer Zeit –
eines der Grundthemen des Buches. Und weil Bohren der
Seelsorgepraxis Thurneysens nachgegangen ist, kann Thurneysen geradezu als Vorläufer der heutigen Seelsorgebewe-
gung erscheinen, ja kann die Darstellung von Thurneysens
Seelsorge dem Leser selbst zur Seelsorge werden.

Neukirchener Verlag